实用汽车维修技术丛书

汽车钣金技术

刘唐选 编著

中山大学出版社
SUN YAT-SEN UNIVERSITY PRESS

·广州·

版权所有　翻印必究

图书在版编目（CIP）数据

汽车钣金技术/刘唐选编著. —广州：中山大学出版社，2020.12
（实用汽车维修技术丛书）
ISBN 978-7-306-07004-3

Ⅰ.①汽… Ⅱ.①刘… Ⅲ.①汽车—钣金工—技工学校—教材 Ⅳ.①U472.4

中国版本图书馆 CIP 数据核字（2020）第 206222 号

出 版 人：王天琪
策划编辑：熊锡源
责任编辑：熊锡源
封面设计：曾　婷
责任校对：陈　莹
责任技编：何雅涛
出版发行：中山大学出版社
电　　话：编辑部 020-84111997，84110283，84110779
　　　　　发行部 020-84111998，84111981，84111160
地　　址：广州市新港西路 135 号
邮　　编：510275　　传　　真：020-84036565
网　　址：http://www.zsup.com.cn　E-mail：zdcbs@mail.sysu.edu.cn
印 刷 者：佛山市浩文彩色印刷有限公司
规　　格：787mm×1092mm　1/16　15.25 印张　365 千字
版次印次：2020 年 12 月第 1 版　2020 年 12 月第 1 次印刷
定　　价：48.00 元

如发现本书因印装质量影响阅读，请与出版社发行部联系调换

前　　言

21世纪，随着我国汽车保有量的逐年递增，汽车服务行业成为发展速度最快的行业之一，拥有庞大的就业群体和紧俏的职业需求。近年来，国家发展现代职业教育相关政策的相继出台，令汽车钣金课程成为各大职业院校的热门课程。

汽车钣金技术具有实践性强、专业要求高等特点。因此，为了满足职业院校人才培养的要求，编写一本适合汽车钣金行业需求和职业院校汽车钣金专业教学要求的教材成为重中之重。

本书根据汽车产业的行业发展现状和汽车钣金实用技能型人才培养的职业教学需求，参考与借鉴国内外相关教材，对汽车钣金的最新主流技术进行了讲解，围绕汽车钣金技术知识的重点与难点，将帮助学生理解和掌握相关知识、提升岗位适应能力作为出发点，将理论知识讲授与实践技能应用学习进行了紧密结合。本书重点突出以下四个方面的特点。

1. 知识体系完整

基于实际岗位工作需求，本书对汽车钣金技术的重点知识进行系统全面的介绍，内容设置上，以项目为单位，知识结构清晰。

2. 技能实用性强

本书案例丰富，实用性强，以学习目标为指向，实际案例为引导，帮助学生掌握和完成与实际岗位工作任务相一致的实训项目，提升学生的技能应用实操水平。

3. 内容通俗易懂

在教材编写过程中，通过简洁明了的易懂语言、一目了然的丰富图表、生动恰当的实训实例，以深入浅出的方式对重点知识进行呈现。

4. 具有时效性

本教材在设计与编写过程中，紧密结合当前汽车钣金技术发展的实际情况与未来发展趋势，在内容选择上注重对当前热门技术的应用。

本书根据中等职业学校学生的特点和认知规律，将课程分为8个项目，分

别为汽车车身修理安全知识、汽车车身结构认知、汽车车身常用材料、常用钣金工具及设备的认知和使用、汽车钣金手工成形及放样展开工艺、汽车钣金焊接与切割技术、典型车身板件修复和汽车车身损坏分析、测量与校正,每个项目又由若干任务组成,全面而系统地对汽车钣金专业内容进行了阐述讲解。学生在使用本书进行专业学习时,能够一目了然、逐层递进式地完成阅读与学习任务。

由于编写时间紧,编者水平有限,书中不足之处,请广大读者批评指正,在此表示万分感谢!

目　录

项目1　汽车车身修理安全知识 ……………………………………………………………… 1

　　任务1　修理人员的人身安全 …………………………………………………………… 1

　　任务2　工作场地安全 …………………………………………………………………… 5

项目2　汽车车身结构认知 …………………………………………………………………… 9

　　任务1　汽车车身的分类 ………………………………………………………………… 9

　　任务2　非承载式车身的拆装 …………………………………………………………… 11

　　任务3　承载式车身的拆装 ……………………………………………………………… 16

项目3　汽车车身常用材料 …………………………………………………………………… 40

　　任务1　金属材料认知及使用 …………………………………………………………… 40

　　任务2　非金属材料认知及使用 ………………………………………………………… 43

项目4　常用钣金工具及设备的认知和使用 ………………………………………………… 47

　　任务1　手动工具的使用 ………………………………………………………………… 47

　　任务2　动力工具的使用 ………………………………………………………………… 56

　　任务3　认知钣金常用设备——焊接设备 ……………………………………………… 61

　　任务4　认识其他常用钣金设备 ………………………………………………………… 68

项目5　汽车钣金手工成形及放样展开工艺 ………………………………………………… 77

　　任务1　钣金件的手工成形 ……………………………………………………………… 77

　　任务2　钣金件的展开与放样 …………………………………………………………… 95

项目6　汽车钣金焊接与切割技术 …………………………………………………………… 130

　　任务1　气体保护焊 ……………………………………………………………………… 130

　　任务2　电阻点焊 ………………………………………………………………………… 135

　　任务3　氧乙炔焊 ………………………………………………………………………… 140

项目7　典型车身板件修复 …………………………………………………………………… 145

　　任务1　翼子板的修复 …………………………………………………………………… 145

任务 2 发动机罩的修复 ·· 150
任务 3 汽车前围护面的修复 ·· 157
任务 4 汽车前纵梁结构件的更换 ·· 159
任务 5 车顶的修复 ·· 165
任务 6 车门的修复 ·· 166
任务 7 汽车后围护面的修复 ·· 170
任务 8 汽车侧围护面的修复 ·· 174
任务 9 车身典型塑料板件损伤的修复 ······································ 181

项目 8 汽车车身损坏分析、测量与校正 ··································· 200

任务 1 汽车车身损坏分析 ·· 200
任务 2 汽车车身损坏测量 ·· 207
任务 3 汽车车身校正 ·· 222

项目1　汽车车身修理安全知识

任务1　修理人员的人身安全

进行车身修复时，往往需要用到手动、电动和气动等工具，若使用不当，就会对人体造成伤害。此外，车身修复过程中还会进行焊接、打磨、拉伸等作业，由此产生大量粉尘、铁屑、噪音以及挥发气体等，这些有害物会直接伤害到我们的身体。为了避免在维修过程中可能发生的各种意外伤害，就需要做好个人安全防护，相关防护服饰包括工作服、工作帽、防护眼镜、防尘口罩、手套、防噪音耳塞等。

一、身体的保护

1. 工作服

在车间工作时，工作人员应穿着合格的工作服（如图1-1所示）。工作服需要能够将手臂、腿等部位遮盖住，不可穿着宽松的衣服，还要束好袖扣，不可仅披着衣服。衣物需远离发动机等运动部件，宽松、下垂的衣料都有可能被绞入正在运作的部件，造成严重的意外。此外，在工作前还需摘除佩戴的饰物。

图1-1　工作服

2. 工作帽

车身修理人员在进行修理操作时，需要佩戴工作帽（如图1-2所示），以防灰尘或油污的滴溅，还能保持头发的清洁。在车下作业或者进行拉伸校正操作时，还要戴硬质安全帽，以防头部碰伤。头发不宜过长，工作时要把头发扎好，塞入工作帽内。

图 1-2　工作帽

3. 手套

手套（如图 1-3 所示）的作用是在工作中保护操作人员的手部，避免受伤，同时保持洁净。在进行磨削、搬运作业时，需要佩戴厚手套；在进行焊接、切割作业时，需要佩戴焊接手套，防止熔化金属灼伤；处理有腐蚀或危险化学品时需要佩戴防溶剂手套，防止化学污染和灼伤。

图 1-3　手套

4. 安全鞋

工作时，需要穿带有金属脚尖衬垫和防滑鞋底的安全工作鞋（如图 1-4 所示）。金属衬垫的作用是保护脚趾，减小坠落物带来的伤害。好的工作鞋能令长时间站立工作的人也感到舒适。焊接时最好穿绝缘鞋，以防触电。如果需要跪在地上进行操作，最好佩戴护膝。

图 1-4　安全工作鞋

二、面部的保护

1. 防护眼镜

在进行修理操作时，大部分时间都要求佩戴防护眼镜、风镜、面罩、头盔等眼睛及面部的保护装置。防护眼镜（如图1-5所示）能在进行锤击、钻孔、磨削和切削等操作时保护眼部。在进行可能会造成严重面部伤害的操作时，仅戴防护眼镜无法提供足够的保护，应佩戴全尺寸防护面罩（如图1-6所示）。

图1-5　防护眼镜　　　　图1-6　防护面罩

2. 防尘口罩

在对镀锌钢材进行焊接时产生的焊接烟尘、在进行打磨抛光时产生的微尘、在清洗部件时挥发的溶剂和在喷射防腐剂时挥发的液滴，都会被吸入呼吸系统，对人体产生暂时的甚至永久的伤害。在进行这些操作时都应该佩戴防尘口罩（如图1-7所示），以保护人体呼吸系统。

图1-7　防尘口罩

3. 耳塞

使用气动錾、气动锯等切割工具打磨或者敲打钢板时都会发出尖锐的噪声，如不采取适当措施足以将人耳震聋。所以，必须戴上耳塞（如图1-8所示）或耳机护套，以保护耳膜不受噪声的伤害。焊接时佩戴耳塞或耳罩还可以防止熔化的金属溅入耳内。

图1-8　耳塞

4. 焊接面罩

在进行二氧化碳气体保护焊、等离子弧切割或氧乙炔焊操作时，应佩戴有深色镜片的头盔、护目镜或焊接面罩（如图 1-9 所示）。头盔能保护面部免受高温、紫外线或熔化金属的灼伤，变色镜片能保护眼睛免受过亮光线的伤害。

图 1-9 焊接面罩

三、个人安全准则

1. 掌握信息

仔细阅读产品标签与制造厂说明书上的各类事项，掌握某些特定产品的安全数据等资料，包括危害性成分资料和所应采用的防护措施等相关资料。

2. 防尘防污

车身修复作业过程中会有灰尘及污物飞入空气中，因此需要佩戴安全眼镜或防尘镜来保护眼睛。在打磨喷砂或处理溶液时，应避免皮肤和衣物接触。头罩可以保护头皮和头发。防尘面具可以防止吸入过量的灰尘和微粒。

3. 压缩空气吹洗过程

在使用气枪吹洗门侧壁或其他难以达到的部位时，应当佩戴眼睛保护装置和防尘面具。

4. 金属处理过程

金属调理剂含有磷酸，吸入或接触这种化学物质有可能引起发炎。在使用这些材料的时候，建议使用安全镜、工作服、橡胶手套和经批准的有机气体呼吸保护器。

5. 配制和操作过程

在配制表面涂料时，需要远离贮放点，在通风良好的地方进行。打开贮罐和搅拌时，需要小心涂料溅出。为防止涂料溅入眼睛，应戴上防护镜。在使用有毒有害涂料及辅料时，必须避免眼睛、口腔和其他身体裸露部分接触涂料。如果发生接触，应马上用大量清水冲洗，并及时就医。

6. 防止恶作剧

任何时候都不可使用空气喷枪打闹嬉戏或利用工作小车进行比赛游戏等，对恶作剧的严肃管理和正确引导能有效避免意外事故的发生。

7. 搬运物品

在抬起和搬运物品时，应弯曲膝部而不是背，也不能弯曲腰部。重物必须利用适当的设备进行提升和移动。

任务 2　工作场地安全

一、通风

在使用腐蚀剂、脱脂剂底漆和表面涂料时,适当的通风是非常重要的。可采取换气系统进行地面抽气,或以强力抽气中心来抽吸磨料和喷漆场地灰尘的方法进行通风。

工作场地应装有发动机尾气排放系统,应用它排出一氧化碳。

同时,要注意排风系统排出的有害气体、烟、尘等污染物。当其影响到车间四周环境或附近居民居住区的空气质量时,应采取净化处理、回收或综合利用等措施后,再向大气排放,使之符合国家有关大气污染综合排放标准及有关省市的地方总量排放标准。

二、防火

车身修理车间中有各种易燃物品,在操作中也经常会产生明火,有可能会造成火灾。在车间修理操作时应该注意以下防火事项:

(1) 车身修理车间禁止吸烟。车间内大量的易燃物都可能引发火灾。

(2) 在车间内不要随身携带火柴或打火机。

(3) 易燃材料应远离热源。不要在调漆间附近使用割炬或焊接设备。车身隔音材料易燃,在对车身板件进行焊接或用割炬、等离子弧切割时必须先将隔音材料拆除。

(4) 进行焊接或切割时,高热量的火星能飞出很长一段距离。不要在油漆、稀释剂或其他可燃液体或材料周围进行焊接或切割,也不要在蓄电池周围进行焊接或研磨。

(5) 燃油箱应当排空后拆下。当在燃油箱加油管周围进行作业时,还应将箱盖拧紧并盖上湿抹布。

(6) 在车辆内饰旁边进行焊接和切割时,应拆下座椅或地板垫,或用一块浸水的布或焊接毯盖上,最好在旁边备一桶水或一个灭火器。

(7) 工作中不要让车辆上的导线短路。过大的电流会使导线过热、熔化并燃烧,造成电气火灾。为防止电气火灾,在进行电气作业或在车身作业时,一定要断开蓄电池。

(8) 运送溶剂或溶液时应避免溢出。用散装容器运送易燃溶剂时,要特别小心。最重要的是溶剂桶必须接地(如图1-10所示),并且要用导线将桶与安全罐连接起来,否则产生的静电将引起火花进而导致爆炸。

(9) 一旦不慎发生了火灾,千万不要慌张,要谨慎处理,及时拨打火警电话。人要贴近地面,避免吸入烟气。如果过热或烟气过大,要及时离开。

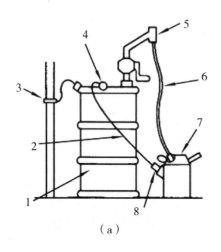 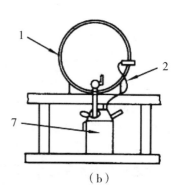

（a） （b）

1—漆或溶剂桶；2—连接线；3—接地管；4—螺钉夹紧器；5—输送泵；6—软管；7—安全罐；8—弹簧夹。

图1-10 将溶剂从溶剂桶装入手提式安全罐的两种方法

三、日常辅助工作

日常辅助工作也是非常重要的。个人的保护设备、良好的工作环境和完善的安全措施对车身修理人员的健康有重要作用。在工作之前做好适当的准备可以避免许多事故。

（1）工作场地应保持清洁、有序。地板上不能有油污，如有，要及时擦净。

（2）保持地面干燥无水，防止发生电击事故。

（3）通道和人行走道要保持清洁和足够的安全间距。

（4）修理工作区采用防滑地面，并划分开每个人的工作区。

（5）应有一份包括医院、消防及警察部门事故报警电话号码表放于电话近旁的明显位置。

工作场地应备有急救包，供处理轻微伤害用。车间还应有冲洗眼睛的器具。

（6）确保有毒物质不能通过地面下水道，或由其他出口流向公用水道。

（7）任何脏污擦拭材料或其他易燃材料必须存放在适当的有金属盖的金属容器内，并应移到建筑物外面的安全地方。用过的抹布和纸制品要放在单独的有盖的容器内，并应每天清除。

（8）非工作人员一律不允许进入车间的工作地区。

四、车辆的处理

车辆在修理厂内应采取以下安全措施：

（1）在汽车上工作时，制动装置要置于停车位置。如果车辆是自动变速，应调整至停车位置；如果汽车为手动变速，则应在发动机熄火时置于倒挡位置，发动机工作时置于空挡位置。

（2）如果需要在车下进行操作，则应使用安全支架。

（3）为了防止发生烧伤，应避免直接接触散热器、排气管、尾管、催化转换器、消声器等灼热金属部位。

（4）发动机运转时，操作者要和散热器的风扇和传动带等转动部件保持一定的距离。

（5）除非是工作程序需要，否则点火开关一定要处于断开位置。

（6）在车间内移动汽车时，要摇下车窗以便驾驶人员能够听见同事发出的警示。一定要查看四周，确定无人，并确认通道上没有任何物品。

五、工具和设备的安全使用

车身修理人员必须遵守如下工具安全准则：

（1）手动工具要保持清洁和完好的状态。沾油的或破损的手动工具容易从手中滑出，从而刮破皮肤或伤及手指。

（2）在使用前，检查所有手动工具是否有破裂、削口、毛刺、断齿或其他危险状况。任何工具如不合格，就不能使用。

（3）使用锐利或有尖角的工具时应小心，它们容易滑脱从而造成人身伤害。如果该工具本身要求是锐利的，则应检查其是否真正锋利。

（4）专用工具除用于专门为之设计的工作外，不要用于其他任何工作。

（5）不要将旋具、手钻、冲头或其他锐利的手动工具放在口袋中，它们可能伤及自己或在工作中损伤汽车。

（6）使用电动工具时，要查明它是否正确接地，并检查有无破裂及是否绝缘。在使用电动工具时切勿站在潮湿的地板上。

（7）不要操作没有保护装置的电动工具。

（8）进行动力打磨、修整、喷砂或类似的作业时，必须戴上安全镜。当在小零件上使用电动工具时，切勿用手握持零件，而应该用台钳将其夹紧。

（9）接通电动工具电源之前，应确认开关是断开的，以防止严重的伤害。不使用时要切断电源。

（10）切勿在工具的非设计范围进行操作。不要超过注明的能力范围使用工具，或是在大于额定电动机功率的情况下进行操作。

（11）切勿在工作状态下用手或刷子清理切屑或碎片。

（12）切勿过度探身，要保持身体的平衡姿态，防止滑倒。

（13）使用压缩空气作动力时要特别注意，气动工具必须在制造厂指定的压力下工作。当喷嘴处于末端时，用于清洁目的的压缩空气出口压力必须保持在 0.5 MPa 以下。不要用压缩空气吹洗衣服，即使低压力的压缩空气也能将灰尘微粒嵌入皮肤内而导致感染。

（14）将全部零件和工具整齐地存放在无人走动的地方。这样做不仅可减少人身伤害，而且可减少寻找工具和零件所耗费的时间。

（15）使用液压机时，要查明液压压力是否处于安全状态。在操作液压机时，通常要站在机器的一边，且必须戴上安全眼镜。

（16）在使用举升机前一定要仔细阅读说明书。检查举升机与车架是否正确接触。在将汽车提升约 150 mm 时，摆动汽车，查明它在举升机上是否平衡。假如有任何的振动或

刮削声，则意味着汽车没有锁定在正确位置。如出现这种情况，下降举升机，将举升机与汽车重新定位，再试一次。将汽车升至合适高度后，在进入车下工作之前，合上安全制动装置。在汽车举升时，不允许任何人留在车中。

（17）所有在汽车制造厂维修手册中列出的螺栓、螺母、锁定圈和其他紧固零件，在汽车的安全作业中都是极为重要的。对这些专用零件的疏忽可能引起严重的事故。制造厂规定的扭矩必须严格遵守。

（18）缺乏相关知识时不要冒险操作。只有在得到正确指导以后才能使用工厂的工具或完成修理作业。

六、修理厂的职责

1. 员工的知情权

每个员工都有权知道汽车修理作业中可能产生的有毒物质、粉尘和易燃、易爆物质，了解这些物质对人体的危害，并要求厂方提供安全的工作环境。

所有危险材料必须准确标明，指出它对健康的危害性、易燃或有反应性危险，以及在处理每种化学品时所需要的防护设备。有毒废料的材料制造厂家必须提供所有注意事项和预防措施的资料，使用者在应用有毒材料之前必须认真阅读和理解这些资料。注意所有标签上的预防措施，对正确使用涂料和防止危害是非常重要的。

涂料及有关产品应包装完好。包装桶上应标明正确名称、代号、批次、生产厂名、出厂日期。字迹如有损坏或模糊不清时，不得随意使用；在确认正确名称或代号后，须重新贴上标签再行使用。

涂料生产单位应测定和确定涂料及有关产品的闪点和危险等级，并记载于产品标准和产品说明书中。涂料及有关产品的安全卫生性能和防护措施应在涂漆车间安全技术文件中阐明。车间管理和工程技术人员、操作人员都必须学习和熟悉这些文件。

2. 培训员工

所有员工必须接受培训，了解工作场地危险材料的性质、有害化学品的标志、所有会危害健康和安全的材料的成分和预防措施；必须熟悉主要化学材料的一般用途、特性、保护设备和事故处置。厂方每年必须对员工进行这种训练，并作为新员工工作培训的一部分。

3. 记录保存

修理厂必须保存在工作场地使用的危险化学品的相关文件、培训计划证书、人身事故和泄漏事故记录。

项目 2　汽车车身结构认知

任务 1　汽车车身的分类

无论是传统能源汽车还是新能源汽车，车身都至关重要。在涉及车身修复的环节时，了解汽车车身的特点，对顺利从事汽车钣金、涂装和美容是十分必要的。汽车车身是驾驶员的工作场所，也是容纳乘员和货物的场所，它为驾驶员提供良好的操作性能，为乘员提供舒适的乘坐条件，为货物提供方便的装卸条件。随着新技术、新工艺和新材料的开发与运用，汽车车身正以安全、节油、舒适、耐用等技术为主导，以适应世界经济发展为潮流，以精致的艺术品的形式让人获得美的感受而点缀人们的生活环境。汽车车身结构按用途可分为小客车车身和大客车车身。汽车车身结构按车身壳体的结构形式分为承载式车身、半承载式车身和非承载式车身。

一、小客车（轿车）分类

1. 按照车身尺寸分类

（1）紧凑型轿车。车身最小，一般配备 4 缸以下的发动机，质量较轻，节省燃油。

（2）中高级轿车。一般配备 4 缸、6 缸、8 缸发动机，质量和外形尺寸适中，通常采用承载式车身结构。

（3）豪华轿车。豪华轿车尺寸最大，质量最重，一般配备高性能的 V8（8 缸）发动机。

2. 按照车身形状分类

（1）硬顶轿车。这种车包含前座和后座，顶盖为金属制成，一般为 2 门式或 4 门式，如图 2-1 所示。

图 2-1　2 门式和 4 门式轿车

（2）敞篷车。敞篷车多为塑料顶棚，能够升降。

（3）普通轿车。这种车大多有前后座，并可分为2门式和4门式。

（4）掀背式轿车。一般分为3门式和5门式，车尾部设有行李箱，行李箱盖向上开启，如图2-2所示。

图2-2　3门式和5门式轿车

（5）旅行车。这种车分为3门式和5门式，顶部向后延伸至全车长，车后部有空间较大的"行李箱"。

（6）多功能车（SUV）。SUV一般采用四轮驱动，和一般轿车相比，离地间隙更高，在雪地或泥泞路面亦能顺利行驶。

（7）厢式车。该类车的车厢宽大，拥有充足的内部容积和空间，如图2-3所示。

图2-3　厢式车

二、大客车车身结构

大客车是指承载45人及45人以上的客用车辆。大客车在我国汽车生产数量中占有相当大的比重，近年来发展非常迅速。

大客车的结构件有非承载式、半承载式和承载式三种。覆盖件有前围蒙皮、顶盖蒙皮、侧围蒙皮、后围蒙皮等。蒙皮与骨架的连接方式有铆接、焊接和粘接三种。相对于其他车辆，大客车车身的结构具有如下特点：

（1）早期国产大客车底盘是采用载货车辆的通用底盘改装而成的，其技术结构为发动机前置、后轮驱动、行架式车架。这种结构重心高、噪声大，且安全性、舒适性和行驶稳定性低。

（2）现代大客车多采用专门设计的专用底盘，采用整体式承重车架，降低了车辆的重心，并采用预应力蒙皮来有效地吸收外界的冲击能量，以保护乘客安全，提高行驶的安全性和稳定性。

（3）现代大客车车厢布局整体性强，乘坐环境大大改善，有利于安置较大的"行李箱"和其他辅助设备，如空调等。

（4）现代大客车采用发动机后置、后轮驱动方式，改善了乘坐环境和驾驶员的驾驶环境。

任务2　非承载式车身的拆装

非承载式车身由壳体与底架组合而成，大部分载荷由车架所承受，车身壳体不承载或只在很小程度上承受由车底架弯曲或扭曲变形所引起的部分载荷。当车身受到较大损伤时，壳体和底架可以拆开分别修理和校正。非承载式车身广泛用于客车及货车，有些高级轿车也采用这种形式的车身。非承载式车身的主要特征是车身下面有足够强度和刚度的独立车架，车身以弹性元件与车架相连。

一、非承载式车身的历史

非承载式车身有很长的应用历史，可以追溯到马车和人力车的时代，如图2-4所示。非承载式车身的车架是一个最重要的部件，由两条坚固的侧梁构成，这两条侧梁由几条横梁连接在一起（横梁与侧梁成90°）。这种车架虽然结构简单，但是很坚固，车架的强度和刚度随其尺寸、形状、数量和材质而变化。几乎所有部件包括车身在内都安装在车架上，车架需要有足够的强度承受来自发动机的牵引力、来自悬架的冲击力以及所有这些组件的重量。在开发出承载式车身结构之前，所有的机动车都是这种非承载式的车身结构。即使在开发出承载式车身结构之后，货车、公共汽车以及某些四轮驱动车辆仍旧使用这种非承载式车身结构。

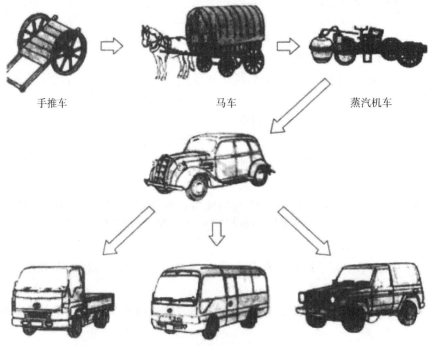

图 2-4 非承载式车身应用历史

二、非承载式车身的车架类型

车架由两条侧梁和几条横梁构成，根据其形状可分成多种类型，部分类型的车架在结构上并不明显包含两条侧梁或横梁，如图 2-5 所示。

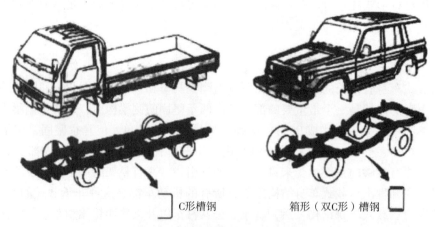

图 2-5 C 形槽钢和双 C 形槽钢

（1）梯形车架。梯形车架是最早出现的机动车车架，由两个平行的侧梁组成，这两条侧梁通过几条横梁连接起来。即使在今天，这种车架还是重型车辆上最常见的车架类型。

(2) 边框式车架(如图2-6所示)。边框式车架是一种用于轿车上的梯形车架,侧梁有一个大的偏心部分,从而沿车身的边框构成车架,部分侧梁的截面形状必须改变,以保证一个低平面的底盘。边框式车架的车身结构介于梯形车架和承载式车身之间。尽管边框式车架今天仍用在部分车型上,但这种车架最终会被淘汰,被承载式车身结构所代替。

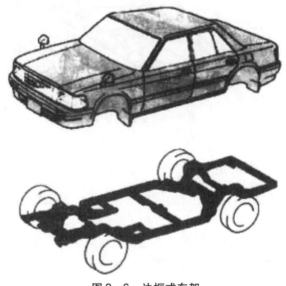

图2-6 边框式车架

(3) 中梁式车架(如图2-7所示)。这种车架构成车辆的主干,形状就像一个单一的通道,其基本功能与其他形式的车架相同。中梁式车架的一个重要特征就是传动轴和管路是封闭在车架中的。

图2-7 中梁式车架

（4）综合式车架（如图2-8所示）。这种车架由焊接在一起的钢管件构成，其结构就像一个鸟笼，因为底盘和车身是用钢管构造的，所以并不完全是非承载式车身。这种车架常用于一些特种车辆。

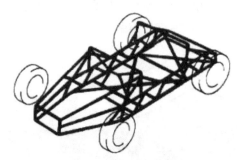

图2-8　综合式车架

三、非承载式车身的构造

非承载式车身的构造和承载式车身的构造基本一致，承载式车身的车辆上安装有发动机和悬架系统等组件，共同承受与这些组件相关联的应力，承载式车身装有十分坚固的前后侧梁。需要注意的是，非承载式车身内不包括前后侧梁，这是因为非承载式车身的发动机和悬架等系统组件由车架来支撑，这种构造与承载式车身的构造类似，只是拆掉了车身上的前后侧梁。

四、非承载式车架和车身的连接

车架和车身一般使用8～12套螺栓、螺母和橡胶衬套进行连接（如图2-9所示），车身安装在橡胶衬套顶部能带来较为舒适的驾驶感。橡胶衬套有两种类型：一种为压缩型，一般作为衬垫；另一种为剪切型，由内套环和外套环组成。

车前部遭遇撞击时，若车架受到较大的碰撞，惯性之下令车身发生移动，容易使车身安装的螺栓和安装螺栓的区域受损。

图2-9　螺栓、螺母和橡胶衬套

以丰田越野车为例介绍非承载式车身的拆装。目前使用非承载式车身的轿车不多，而且它们会逐渐被承载式车身所淘汰；但是因为货车、客车上仍然采用，所以有必要进行拆装，了解其结构。

非承载式车身拆除的顺序是：拆除发动机罩，拆除前翼子板，拆除前保险杠，拆除前车门，拆除"行李箱"盖，拆除后车门，拆除后保险杠，拆除后翼子板。拆除之后，观察非承载式车身的零部件，安装时按与拆卸时的相反顺序即可（如图2-10所示）。

非承载式车身只承受自重、货物、乘客的重量引起的载荷以及行驶时的空气阻力和惯性。

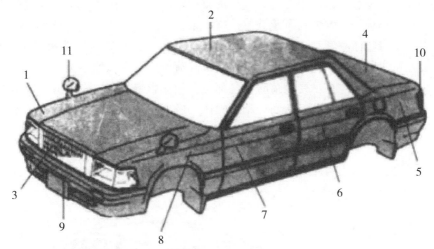

1—发动机罩；2—顶盖；3—前格栅；4—"行李箱"盖；5—后翼子板；6—后车门；
7—前车门；8—前翼子板；9—前保险杠；10—后保险杠；11—后视镜。

图2-10 非承载式车身拆除的顺序

五、非承载式车身的特点

1. 非承载式车身的优点

（1）减震性好。车架和车架与车身之间的弹性元件能够很大程度地吸收来自各方面的冲击与震动。

（2）工艺简单。壳体与底架共同组成车身主体，它与底盘可以分开制造、装配，然后再组装到一起，总装工艺因此而简化。

（3）易于改型。以车架作为车身的基础，能够更容易地按需求单独对车身进行改型和改造。

（4）安全性好。在碰撞发生时，绝大多数冲击能量由车架及弹性元件吸收，由此对车身主体能形成保护。

2. 非承载式车身的缺点

（1）质量大。因车身壳体不进行承载或承载极少，因此对车架的强度与刚度有较高要求。车架亦因此制作较为宽大，从而导致整车净质量增大。

（2）承载面高。因车架位于车身主体和底盘之间，存在一层难以大幅度下沉的高度，为降低整车高度带来一定难度。

（3）投入多。制造车架需要具有一定厚度的钢板，这对冲压设备的工艺提出了较高要求，还令投资变大，也增加了焊接、检验及质量保证等工作。

任务3　承载式车身的拆装

承载式车身的一个突出特征是没有独立车架。尽管没有独立的车架，但车身主体和类似于车架功能的车身底板采用组焊等方式形成整体刚性框架，因此整个车身包括底板、骨架、内外蒙皮、车顶等，均参与了承载。这样一来，分散开来的承载力分别作用于各个车身结构件上，车身整体刚度和强度均能够获得保证。当车身整体或局部承受适度载荷时，壳体也不会发生永久变形。即刚性结合角在正常载荷作用下，一般不会发生永久变形，这种由构件组成的刚性壳体在承受载荷时，各部位会相互影响，根据作用力与反作用力平衡法则，以互补的形式自动调节，从而令整体壳体在极限载荷内，仍处于稳定平衡状态。

一、承载式车身的分类

承载式车身为目前小客车车身的主流，其最大的特征就是将乘客舱和车架焊接成一体，如图2-11所示。

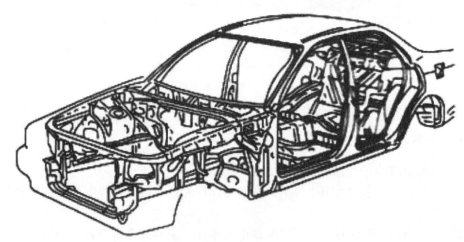

图2-11　承载式车身

承载式车身的构想源于现代的飞机机身设计。通常把承载式车身比喻为蛋壳的外形，当用手指挤压蛋壳时，蛋壳能承受相当大的载荷，这是因为手指所施加的力平均分散至蛋壳整体，而没有集中在某一个地方，这种原理在力学上称为应力外壳结构。虽然车身上并不能完全采用应力外壳结构，但是一般来说，用此结构去抑制撞击车身的外力，都称为承载式车身。承载式车身按照发动机位置可分为：FF（前置前驱）、FR（前置后驱）、MR（中置后驱）、RR（后置后驱）、AWD（四驱）等基本类型，如图2-12至图2-14所示。

项目 2
汽车车身结构认知

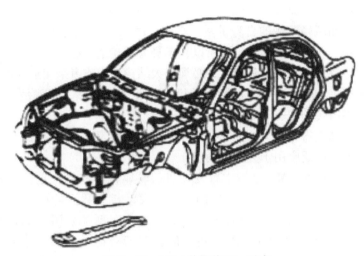

图 2-12 FF（前置前驱）形式

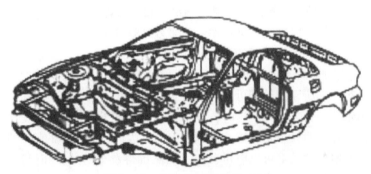

图 2-13 MR（中置后驱）形式

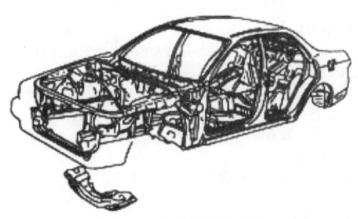

图 2-14 FR（前置后驱）形式

（1）FF 形式的车辆。FF 指前置发动机前轮驱动的车辆，也就是发动机放置于车辆的前方并且由前轮所驱动的车辆。由于不需后轮驱动的组件，所以 FF 车辆可以降低车底板中间位置拱起的高度,从而提供了较大的乘客舱空间。除此之外,FF车辆的后悬架系统构造比较简单,从而减轻车辆的自身重量。然而,FF车辆的前车身必须承载发动机、传动桥、前悬架系统、转向系统的重量,所以,车身为承受这些载荷必须采取一些额外的补强措施,如为了达到足够的强度和刚度,必须增大结构面积或者采用加强梁。

(2) FR形式的车辆。FR是指前置发动机后轮驱动的车辆,也就是发动机放置于车辆的前方,并且经由传动轴驱动后轮的车辆。由于FR车辆有传动轴,后方安装差速器,车底板中心拱起的高度需要较大的空间,所以乘坐空间便减少了。一般来说,FR形式不用于小型车上,通常广泛应用于大型车辆上。

(3) MR形式的车辆。MR是指中置发动机后轮驱动的车辆,也就是发动机放置于车辆的中部,并且经由传动轴驱动后轮的车辆。发动机中置后轮驱动是目前大多数运动型轿车和方程式赛车所采用的布置形式。由于这些车型都采用功率和尺寸较大的发动机,将发动机布置在驾驶员座椅和后桥之间以利于获得最佳轴荷分配,从而提高汽车的性能。此外,一些大、中型客车也采用这种布置形式,把配备的卧式发动机装在地板下面。

(4) RR形式的车辆。最初使用后置发动机主要是考虑这样能取消发动机到作为驱动轮的后轮之间的连接轴,以提高传动效率。后来发现这样的设置在重量分配上是存在问题的,只是作为传统,这种后置后驱的设置才保留了下来。

(5) AWD形式的车辆。简单地说,就是由前后差速联动四轮驱动的汽车,因为发动机动力传至四个轮胎,所以四轮都可发力。对普通两驱车来说,当其中的一只驱动车轮打滑时,其他的车轮就会失去动力,这时,车子便不能行驶了;如果车子是四轮驱动,遇到同样的情况时,另外的两只车轮仍然能发挥牵引力,因此,四驱车的越野性能优越,在野外山坡、滩涂、泥地、沙漠都可以应付自如(当然也得看车的品质如何)。这种一往无前的硬派作风得到了不少车迷的喜爱。

二、承载式车身的特点

1. 承载式车身的优点

(1) 质量小。由于车身是由薄钢板冲压成型的构件组焊而成的,因而具有质量小、刚性好、抗变扭能力强等优点。

(2) 生产性好。车身采用容易成型的薄钢板冲压,并且采用点焊和多工位自动焊接等现代化生产方式,使车身组焊后的整体变形小;生产效率高,质量保障性好。

(3) 结构紧凑。由于没有独立的车架,汽车整体高度、重心高度、承载面离地都有所降低,可利用空间也有相应增加。

(4) 安全性好。由薄板冲压成型后组焊而成的车身,具有均匀承受载荷并加以扩散的功能,对冲击能量的吸收性好,使汽车的安全保障性得到改善与提高。

2. 承载式车身的缺点

(1) 在汽车运动载荷的冲击下,底盘部件和车身结合处极易发生疲劳损伤。

(2) 乘客室成为受到汽车底盘的震动与噪声污染的"重灾区"。为此,需要有针对性地采取一些减震、消噪等技术措施。

（3）一体式构造的车身，在因事故导致整体变形时，往往情况复杂。此外，车身整体定位参数的变化还会直接影响到汽车的行驶性能，所以，在车身维修作业中对整体参数进行复原时，需要使用专门的设备和特定的检查、测量方式。

三、承载式车身的构造

承载式车身的壳体构成主要有前车身、中间车身、后车身及相关构件。

1. 前车身

翼子板、前段纵梁、前围板及发动机罩等部件组成了承载式车的前车身。大部分承载式车前部都装有前悬架、转向装置与发动机总成，如图 2-15 所示。汽车在受到正面冲击时，将由前车身来吸收冲击能量，因此，一方面要保证前车身的结构具有足够的强度和刚度，另一方面还需要将前悬架支承座的断面制成箱形封闭式结构。

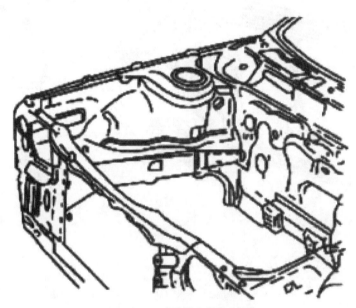

图 2-15 承载式车前车身

（1）翼子板。翼子板与车轮拱形罩同属前车身的主要覆盖件，它不仅使车身线条流畅，而且使前车身的整体性更强。

（2）前段纵梁。前段纵梁前细后粗、截面不等，是前车身的主要强度件，能够提高汽车受冲撞时对冲击能量的吸收，同时也用于装配发动机总成及其他汽车附件等。

（3）发动机罩。发动机罩多用高强度板冲压成网状骨架和蒙皮组焊而成，多数轿车还在中间使用了耐热电焊胶，使之确保刚度并在其间形成良好的消声胶层。

（4）前保险杠。由热塑性塑料制成，美观的同时，在汽车受到撞击过程中起到缓冲作用。

（5）中网、大灯等附属设备。

2. 中间车身

中间车身侧体设有车门、侧体门框和门槛，沿周使用了由高强度钢制成的具有较强抗弯曲能力的箱形断面。中间车身侧体框架的中柱、边框、车顶边梁、侧体下边梁等结构件同样采取了封闭型断面结构，车顶、车底及立柱等构件均通过焊接形式组合在一起。中间车身的窗柱具有支撑风窗和车顶的作用，因此下部较为粗大，上部的截面尺寸为了照顾驾驶视野而缩小。

车身底板是中间车身的基础，起着传递与扩散汽车在行驶中施加给车身的载荷的作用。车身底板不但选用高强度钢板冲压，还配置了抗载能力较强的车身纵梁与横梁，车身测量和维修用的基准孔也反映在车身的横梁、纵梁上，如图2-16所示。

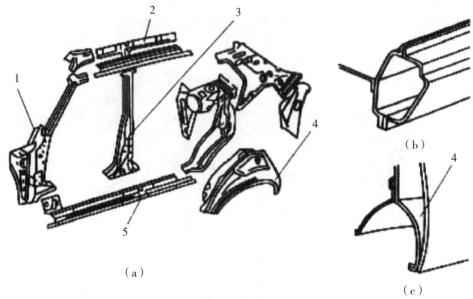

(a) 中间车身侧体构造；(b) 门槛断面；(c) 后翼子板断面
1—前柱；2—车顶边梁；3—中柱；4—后挡泥板；5—门槛

图2-16 承载式车中间车身

中间车身部件主要包括车门及附属设备、A柱、B柱、C柱、侧围、底槛等。

3. 后车身

后车身是用于放置物品的部分，可以说是中间车身侧体的延长部分，如图2-17所示。

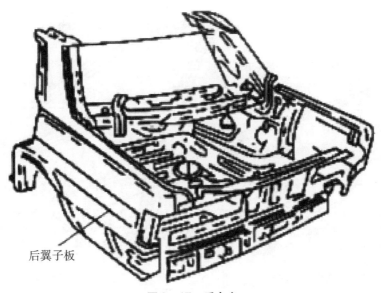

图2-17 后车身

后车身的主要部件有后杠及附属设备、尾灯、后行李箱盖等。后车身的主要载荷来自于汽车后悬架，特别是对后轮驱动的车辆而言，驱动力会通过车桥和悬架直接作用到后车身上。为保证后车身强度，车身重量自中间车身径直向后延伸，到相当于后桥部位再形成拱形弯曲。这样一来，一方面保证了后车身的刚度，另一方面又避免了后桥与车身发生干涉。此外，当车身后部受到追尾碰撞时，还可瞬时吸收相当程度的冲击能量，通过变形来实现对乘客室的有效保护。

操作任务1：车门总成的拆装

需要设备：别克凯越实训车1辆，拆装工具2～3套，手套、砂布等。

一、项目说明

1. 概述

车门饰板的板式结构包括车门内饰板和各附件。车门饰板的表面覆盖材料一般为天然纤维或合成纤维纺织品、皮革、人造革、多层复合材料、连皮泡沫塑料等。

2. 结构

车门饰板总成主要由车门内饰板本体、内把手分总成、扶手座上板及支架总成、喇叭盖等组成，如图2-18所示。

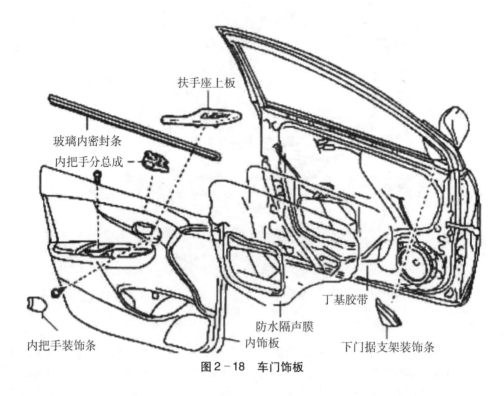

图 2-18 车门饰板

3. 作用

乘用车室内基本上都采用树脂内饰板遮盖，直接裸露钢板的部位已经很少，而车内装饰件是通过增加一些附属的物品，以提高汽车内室的美观性。

二、技术标准与要求

（1）参训学员必须穿戴相应的劳保用品，以免发生意外事故。

（2）拆装前，先将蓄电池断电，以免损坏用电设备。

（3）使用一字螺丝刀或卡扣等专用拆卸用具拆卸一些装饰件时，要注意保护漆面，避免损伤漆膜。

（4）内饰件拆装过程中，要注意保护表面不被划伤。

（5）拆装过程中，要特别注意掌握合适的力度，禁止野蛮操作，以免损坏零部件。

三、实验器材

十字螺丝刀（中号）、一字螺丝刀（小号）、棘轮扳手、连杆、12 mm 套筒，如图 2-19 所示。

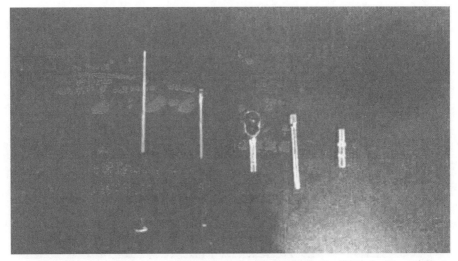

1—十字螺丝刀（中号）、2——字螺丝刀（小号）、3—棘轮扳手、4—连杆、5—12 mm 套筒

图 2-19 实验器材

四、操作步骤

步骤 1：操作准备。

（1）学生位于工位前方，进行操作准备，检查防护用具、拆装工具的摆放。

（2）解锁并将汽车车门打开，如图 2-20 所示。

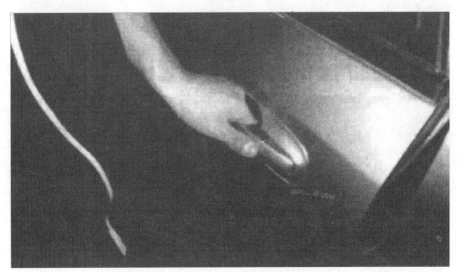

图 2-20 解锁并将汽车车门打开

（3）扶住汽车车门边框将车门完全开启。

（4）打开发动机罩，并将蓄电池负极端子电缆拆除，如图 2-21 所示。

图2-21 拆除蓄电池负极端子电缆

步骤2：拆卸车门内把手及扶手座总成。

（1）准备一字螺丝刀，如图2-22所示。

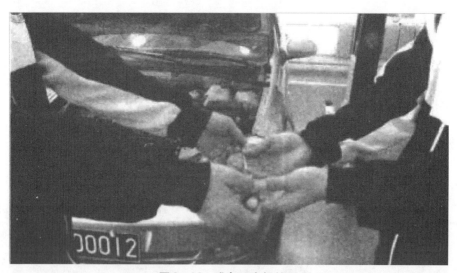

图2-22 准备一字螺丝刀

（2）使用一字螺丝刀撬开内把手装饰扣，如图2-23所示。

图2-23 撬开内把手装饰扣

（3）准备十字螺丝刀。

（4）使用十字螺丝刀拆卸内把手装饰扣螺钉。

（5）使用十字螺丝刀拆卸车门装饰板扶手座上板螺钉，并将螺钉取下，如图2-24所示。

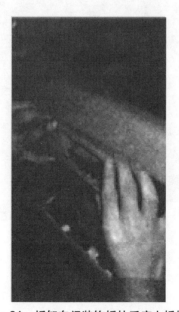

图2-24 拆卸车门装饰板扶手座上板螺钉

（6）使用一字螺丝刀将车门扶手座上板从端部轻轻撬开，如图2-25所示。

图2-25 使用一字螺丝刀撬开车门扶手座上板

(7) 将车门扶手座上板拉起,并取下车门扶手座。
(8) 将玻璃升降器线束插接器与控制开关分离,如图2-26所示。

图2-26 分离玻璃升降器线束插接器与控制开关

步骤3:拆卸车门装饰板总成。
(1) 拆卸车门装饰板卡扣。
(2) 使用塑料撬棒或双手将车门装饰板从下端轻轻拉开,使卡扣与车门分离。
(3) 双手握住车门装饰板总成两端,向上轻轻提拉,将车门装饰板总成与车门分离,如图2-27所示。

图 2-27 分离车门装饰板总成与车门

(4) 将车门装饰板总成倾斜 30°左右,用手扶住车门装饰板总成,将门把手总成与车门锁止遥控拉索分离。

(5) 将车门装饰板总成取下。

(6) 将其他线束拔下。

(7) 用 12 mm 套筒将车门连接处的螺栓卸下,如图 2-28 所示。

图 2-28 卸下车门连接处的螺栓

(8) 用一字螺丝刀将连接车门上的线束插接器卡扣别开,再用 12 mm 套筒将与汽车连接在一起的螺栓卸下,车门取下时注意不要损坏车门,如图 2-29 所示。

图 2-29 取下车门

步骤 4:反向安装。
步骤 5:5 S。
如图 2-30 所示。

图 2-30 5 S

提示:作业项目完成后,要清扫卫生、整理好工位,培养良好的工作习惯。

操作任务2：发动机罩的拆装

一、项目说明

1. 概述

发动机罩简称机舱罩，由多个冷冲压成型的薄板金属件组成，呈骨架形式。从机舱罩外观上，可看到部分外板，有些车型的外板上会安装风窗玻璃洗涤喷嘴和部分装饰件。打开机舱罩后，内部可见的部分称为内板。在外板与内板之间还会有一些加强板，内板和加强板共同对外板起到支撑和增强刚性的作用。在连接方式上，内板与加强板采用点焊的形式组合在一起，然后再整体与外板通过包边连接成机舱罩总成，如图2-31所示。

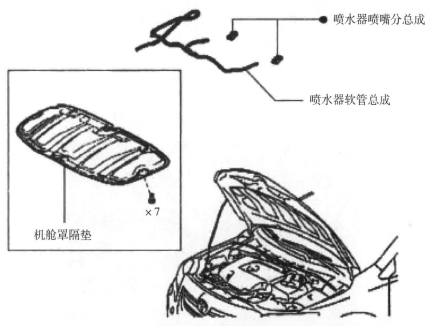

图2-31　发动机罩

通常，机舱罩在打开时是向后翻转的，机舱罩向后翻转时，与周边部件不可发生干涉。机舱罩应可以打开至某一位置并在此固定，以满足车辆维修的需要。打开至最大开启角度时，与前挡风玻璃至少保留10 mm的间距。

2. 结构

机舱罩总成一般由外板、内板、隔垫、铰链、撑杆、密封条、锁止等组成。

3. 作用

机舱罩除了具有装饰性作用，还起到了阻隔发动机舱内外部件的作用：可以阻止外界因素进入发动机舱产生侵蚀；可以阻止发动机舱内污浊、湿热空气的外泄；具备一定的隔声和隔热功能；另外，当汽车发生碰撞时，对头部保护也起到很大的作用。

机舱罩不仅要有合适的强度，还要具备一定抗扭转和弯曲的能力，另外也需要能经受一定条件下高温、低温和腐蚀等环境对其的考验。在满足上述条件的情况下,自身质量要尽量小,既有益于提高燃油经济性,也可以减小打开机舱罩的操作力,更便于操作。

二、技术标准与要求

(1) 机舱罩不能有变形、腐蚀、锈蚀等现象,且漆面要保证完好。

(2) 定心螺栓用来安装机舱罩铰链和机舱罩锁止,安装好的机舱罩铰链和机舱罩锁止不能有变形的情况。在定心螺栓装好的情况下,不能调整机舱罩铰链和机舱罩锁止,如果需要进行调整,可用标准螺栓(带垫圈)替换定心螺栓。

(3) 机舱罩与前翼子板之间的标准间隙为 2.3～5.3 mm,安装到位后应在标准间隙范围内。

(4) 调整标准间隙到位后,固定螺栓的拧紧力矩为 13 N·m。

(5) 机舱罩关闭后,机舱罩和前翼子板的高度应该对齐。

三、实验器材

12 mm 套筒、卡扣专用工具等,如图 2-32 所示。

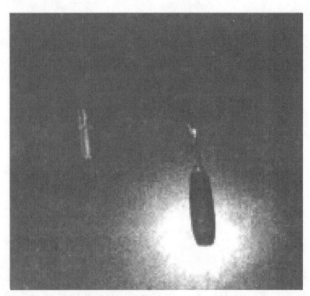

图 2-32 12 mm 套筒、卡扣专用工具

四、操作步骤

步骤1:操作准备。

(1) 参训学生将工位打扫干净,排除障碍物,准备好相关的工具、物品等。

(2) 将车轮挡块放置于后轮,如图 2-33 所示。

图 2-33 将车轮挡块放置于后轮

(3) 打开汽车左前门,拉紧驻车制动器,并将变速器置于空挡位,如图 2-34 所示。

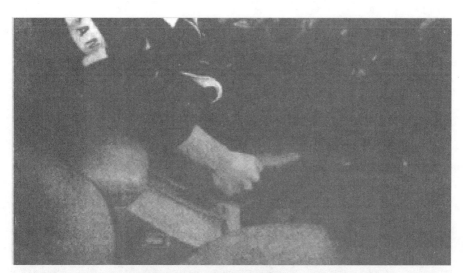

图 2-34 将变速器置于空挡位

步骤 2:打开机舱罩。
(1) 打开汽车左前门,拉起机舱罩锁控制拉杆分总成,如图 2-35 所示。

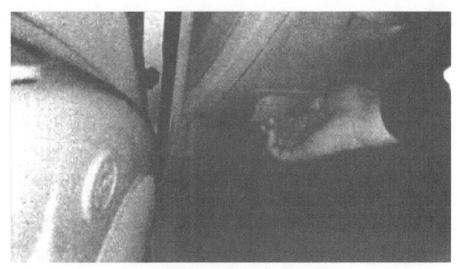

图2-35 拉起机舱罩锁控制拉杆分总成

(2) 学生用一只手微微拉起机舱罩,另一只手伸进机舱罩缝隙中,用手顶起机舱罩锁总成活动扣。

提示:机舱罩锁总成为二级锁止机构,一级锁钩由拉索控制,二级锁钩为机械装置,如图2-36所示。

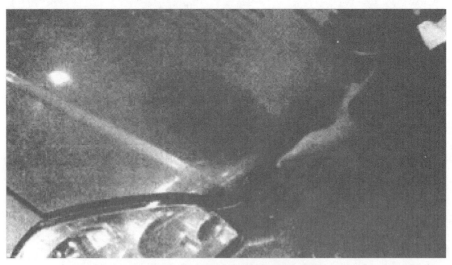

图2-36 用手顶起机舱罩锁总成活动扣

(3) 用手撑起机舱罩,并将发动机支撑杆插入机舱罩支撑孔内,如图2-37所示。

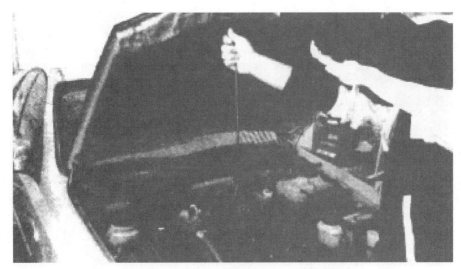

图 2-37 将发动机支撑杆插入机舱罩支撑孔

（4）将蓄电池负极端子电缆拆除。

步骤3：拆卸机舱罩隔垫。

（1）使用卡扣专用工具拆卸机舱罩隔垫7只卡扣，如图2-38所示。

（2）双手握住隔垫，并取下。

图 2-38 拆卸机舱罩隔垫卡扣

步骤4：拆卸喷水器软管和喷水器总成。

（1）将喷水器软管和三通阀分离，如图2-39所示。

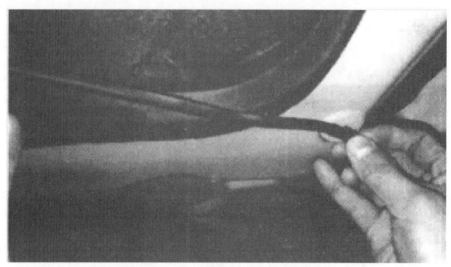

图2-39 分离喷水器软管和三通阀

(2) 将喷水器软管总成从机舱罩结构件中抽出。
(3) 准备一字螺丝刀。
(4) 用一字螺丝刀拆卸喷水器总成。
步骤5：拆卸机舱罩分总成。
(1) 准备12 mm套筒、棘轮扳手。
(2) 使用12 mm套筒、棘轮扳手，拧松机舱罩铰链螺栓，如图2-40所示。

图2-40 拧松机舱罩铰链螺栓

(3) 将机舱罩移出，如图2-41所示。

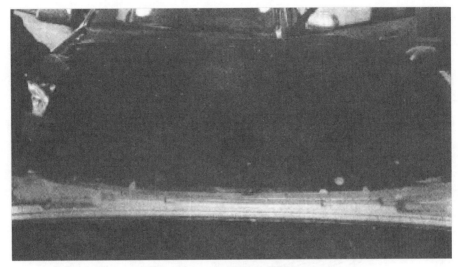

图 2-41 移出机舱罩

步骤 6：反向安装机舱罩总成。
步骤 7：5 S。
提示：作业项目完成后，要清扫卫生、整理好工位，培养良好的工作习惯。

操作任务 3：前保险杠及附属设备的拆装

一、项目说明

1. 概述

保险杠的主要功能是，当轿车前后端与其他物体相撞时，不仅能有效保护车身，而且还有利于减轻被撞人和物的损伤程度。另外，保险杠作为车身外部装饰，与散热器面罩相互配合，起到美化轿车外形的作用。保险杠有前保险杠和后保险杠之分，其结构原理基本相同，故在此一并讲述。事实上，在碰撞事故（正面撞击或后部追尾）中真正担负主要吸能作用的是前后纵梁，纵梁通过压溃变形和弯曲变形吸收碰撞能量，其中，前纵梁要担负前部碰撞总能量的60%左右，后纵梁所需要承担的吸能压力虽然较前纵梁小，但仍然是追尾事故中吸收能量的主力。一般轿车保险杠系统的组成如图 2-42 所示。

2. 结构

汽车前保险杠由外板、缓冲材料和横梁三部分组成，其中，外板、缓冲材料用塑料和泡沫制成，横梁（俗称防撞梁）用厚度为 1.5 mm 左右的冷轧薄板冲压成 U 形槽，少数高档汽车采用铝合金制成。外板和缓冲材料用卡扣安装在车身附件上。为了维修方便，横梁与纵梁采用螺栓连接，可以随时拆卸。

3. 作用

汽车前保险杠主要起到保护前车身的功能。现代轿车不仅追求车身的和谐统一，还追求自身的轻量化。

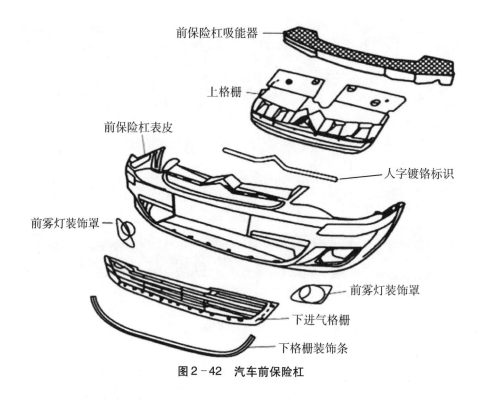

图 2-42 汽车前保险杠

二、技术标准与要求

(1) 参训学员必须穿戴必要的劳保用品,以免发生意外。
(2) 操作过程中,应尽量避免拆装时划伤保险杠面漆。
(3) 拆装过程中,要特别注意掌握合适的力度。
(4) 在内饰件的拆装过程中,要注意装饰表面不被划伤。
(5) 前保险杠加强部件分总成固定螺栓的拧紧力矩为 50 N·m。
(6) 安装完成后,检查发动机罩与前保险杠总成的配合间隙,间隙应为 -1.5～1.5 mm。
(7) 前翼子板总成与前保险杠总成间隙应小于 3 mm。

三、实验器材

十字螺丝刀(中号)、一字螺丝刀(小号)、棘轮扳手、连杆、10 mm 套筒。

四、操作步骤

步骤 1:拆卸前保险杠总成。
(1) 打开发动机罩,拆除散热器空气导流板上的卡子,如图 2-43 所示。
(2) 拆卸散热器格栅防护罩,如图 2-44 所示。

图2-43 拆除散热器空气导流板卡　　图2-44 拆卸散热器格栅防护罩

（3）拆除保险杠左右固定螺栓（卡子），如图2-45所示。

（4）拆卸保险杠左右两侧与轮胎内衬固定的螺栓，并且拆卸保险杠与翼子板的固定螺栓。

（5）用10 mm号套筒拆下发动机舱盖至前端板密封的两个螺栓，如图2-46所示。

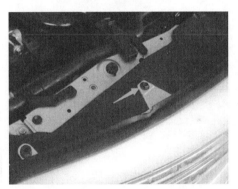

图2-45 拆除保险杠左右固定螺栓　　图2-46 拆除发动机舱盖螺栓

（6）拆下发动机舱盖至前端板密封的3个卡子，如图2-47所示。

（7）用套筒棘轮扳手拆下前保险杠下端的螺钉，如图2-48所示。

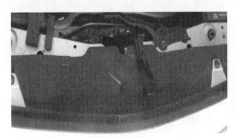

图2-47 拆下发动机舱盖上的卡子　　图2-48 拆下前保险杠下端的螺钉

（8）拆下前保险杠总成，注意左右两侧同时拆除，如图2-49所示。
（9）断开雾灯连接器，左右两侧的拆卸相同，如图2-50所示。

图2-49　拆下前保险杠总成

图2-50　断开雾灯连接器

（10）拆卸散热器进气格栅，如图2-51所示。
（11）脱开4个卡爪，拆下左侧雾灯灯盖，左右两侧的拆卸相同，如图2-52所示。

图2-51　拆下散热器进气格栅

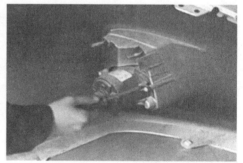
图2-52　拆雾灯灯盖

步骤2：安装前保险杠总成。
（1）接合4个卡爪并安装左右两侧雾灯盖，如图2-53所示。
（2）接合卡爪，安装散热器进气格栅，用螺丝刀拧紧螺钉，如图2-54所示。

图2-53　安装雾灯盖

图2-54　安装散热器进气格栅

（3）连接雾灯线束，如图2-55所示。
（4）接合卡爪，安装保险杠总成，如图2-56所示。

图2-55 连接雾灯线束

图2-56 安装保险杠总成

(5) 用套筒安装6个螺钉。
(6) 安装3个卡子和两个螺栓。
(7) 安装销固定卡子,左右安装相同。
(8) 安装卡子,左右安装相同。
(9) 安装散热器空气导流板上的卡子。
(10) 保险杠缝隙调整,如图2-57所示。
(11) 雾灯对光检查与调整,如图2-58所示。

图2-57 保险杠缝隙调整

图2-58 雾灯对光检查与调整

提示:作业项目完成后,要清扫卫生、整理好工位,培养良好的工作习惯。

项目3 汽车车身常用材料

任务1 金属材料认知及使用

一、钢板的性质与种类

1. 钢板的性质

钢板的主要性质有可塑性、弹性、加工硬化和热变形等。

（1）可塑性。金属材料大都具有可塑性，即在超过弹性变形极限的外力作用下屈服而产生永久变形。塑性又可分为延伸性和展开性两种。延伸性可使金属拉成细丝；展开性可使金属展开成薄片。在车身修理过程中，利用钢材的可塑性，对车身材料进行矫正或复位，是车身修复作业的基本原则。

（2）弹性。是指金属材料在外力的作用下而产生变形，当外力消失后，材料恢复原来大小和形状的性质。金属的弹性有一定的范围，若外力作用后超过此极限范围，金属材料就会失去弹性而永久变形。

车身钣金是以冲压作用于模具使之成形的，当有应力残留在钣金零件上时，则称为钣金嵌板的残留应力。例如，将发动机盖板的缘角部切断时，切断后的两个断面总会有一些收缩或向反方向展开的现象，如图3-1所示。这是因为在冲压成形工序中所留下的残留应力的影响。

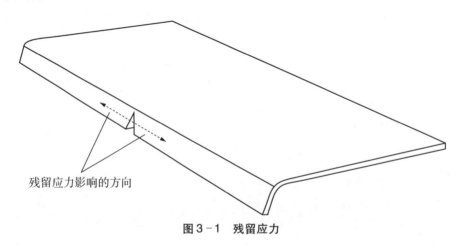

图3-1 残留应力

（3）加工硬化。如果反复弯曲金属丝，金属丝就会发生硬化，同样，钢板也会因塑性变形而发生硬化和强化。反复弯曲平钢板时，第一次弯曲的部位将保持弯折后的形状，

而钢板的两侧又会出现新的弯曲,这是由于第一次弯曲的部位被硬化和强化。同样,对于冲压成型的车身板而言,钢板同样会发生加工硬化。

加工硬化是汽车车身钣金零件冲压成形过程中常常发生的现象。在车身钣金维修过程中,因不断地施加外力而使钢板产生塑性变形的同时,也会造成加工硬化。在加工硬化部位用火焰加热进行退火处理,温度达到700 ℃左右后让其慢慢冷却,即可恢复钢板的加工性。

(4)热变形。普通钢材当加热温度在800～1000 ℃时即可开始加工,直到温度降至600 ℃。当温度再降至400～200 ℃时,钢材即发生清热脆化,比常温时的延展性差,因而无法继续加工,必须再重新加热方可加工。若在钢板边缘上加热,则受热部分产生膨胀,用水冷却时,会因温度迅速降低而收缩引起塑性变形,能达到弯曲成形或整形的效果。

2. 车用钢板的种类

(1)热轧钢板。热轧钢板是经过高温加热(一般在800 ℃以上)轧制而成的钢板,它的厚度一般在1.6～8 mm,强度不是很高,但足以满足使用的要求。由于塑性、可焊性较好,因此比较常用,主要用于制造车架、骨架和梁等。

(2)冷轧钢板。冷轧钢板是由热轧钢经过酸洗后冷轧变薄,并经过退火处理而形成的。冷轧钢板是在较低温度下轧制的,其厚度精度高,表面质量好、平滑度高,厚度为0.4～1.4 mm,并且具有良好的可压缩性。因此,大多数整体式车身采用冷轧钢板制成,大部分车身组件也是由冷轧钢板冲压而成的。

(3)高强度钢板:高强度钢是指强度高于低碳钢的各种类型的钢,其一般强度在270 N/mm^{2}以上,整体式车身要求使用高强度钢。相同的强度下,高强度钢板的厚度比一般钢板薄,由此可以降低整车质量。

(4)表面处理钢板。这种钢板是为了提高耐腐蚀性而研发的表面处理钢板,采用抗腐蚀能力较强的金属、合金、非金属材料将钢板表面遮盖起来,令钢板与腐蚀物质之间形成机械隔离;或者通过化学或电化学氧化处理方式,令金属表面生成氧化膜,形成覆盖层,从而达到防腐蚀的效果。目前车身应用较为广泛的是镀锌钢板。

由于需要满足相应的成型与加工要求以及道路行驶时的载重条件,汽车车身用钢板大部分为碳素钢(铁碳合金)。钢材碳含量不同,金属的技术特征也不同。碳含量越高,其抵抗撞击的能力越强,但其成型和焊接加工性能就会越差,甚至镶板工作也会变得难以进行,因此,汽车车身大多采用低碳钢。近年来有采用高抗拉强度钢材的趋势,尽管这种钢材比常规软钢材薄,却可以提供相同的强度等级。与软钢板相比,这种高抗拉强度钢板具有更高的抗拉强度,其强度为420 N/mm^2,成型后能保持更好的冷作硬化特性,并且成型和焊接性能均不会受到影响。采用这种钢板可以降低车身总重,必要时还可以采用具有优良耐腐蚀性能的镀锌钢板以获得最优的耐腐蚀性能。车身部分的零件具有各种不同的断面形式,由于这些零件通常都由薄钢板冲压而成,因而可以根据实际需要进行设计,使其具有不同的刚性,或者采用加强件,或者设计成不同的厚度。

二、铝合金

车身上应用得最多的轻质金属材料是铝合金。铝合金具有密度小、塑性好、不易生锈等特点,还具有不错的热传导性、导电性和可焊接性。由于纯铝太软,其抗拉强度约为 59 MPa,因此无法直接用于制造车身部件。其解决办法是,在纯铝中适当加入铜、镁、锰、锌、铬、硅和其他微元素以合成铝合金材料,通过热处理令其抗拉强度、硬度和耐腐蚀能力都获得很大提高,同时保持了铝可塑性好的优点(其延伸率约为 40%)。

铝合金焊接性工艺性略差,主要用在中等载荷的零件上,需在气体保护状态下焊接。一般采用惰性气体保护接触电缝焊、点焊或电阻对焊。当车身维修作业中需要手工进行铝合金材料焊接时,应按照特定的焊接方式,由经验丰富的人员操作,才能获得好的焊接效果。

为了达到汽车轻量化的目的,铝合金在汽车上的应用越来越广泛,见表 3-1。

表 3-1 常见变形铝合金的用途

类别	代号	用途	类别	代号	用途
防锈铝合金	LF5	油管、焊接油箱、铆钉及中载荷零件和制品	硬铝合金	LY1	工作温度小于 100℃ 的结构用中等强度铆钉
	LF11			LY11	中等强度结构零件,如骨架、支架、螺旋桨叶片、螺栓等
	LF21	油管、焊接油箱、铆钉及中载荷零件和制品		LY12	高强度结构零件,如骨架、蒙皮、铆钉等可在 150℃ 以下工作的零件
超硬铝合金	LC4	结构中主要受力件,如飞机大梁、蒙皮接头及起落架	锻造铝合金	LD7	内燃机活塞,可在高温下工作的复杂锻件、结构件
	LC9				
	LC5	形状复杂、中等强度的锻件及模锻件		LD10	承受重载荷的锻件和模锻件

二、铜及其合金

普通黄铜即铜锌合金,其特点是塑性较高,通常用字母"H"加铜含量来表示其牌号,共有 H65、H68、H80、H90、H95 五个牌号。在一般黄铜中加入锡(Sn)、铅(Pb)、铝(Al)、锰(Mn)、铁(Fe)、硅(Si)等不同的化学元素后即制成特殊黄铜。特殊黄铜牌号用"H"加第二个主添加元素符号和(除锌以外)元素含量数字表示。常用牌号有 HSn62-1、HMn58-2、HPb59-1 等。常见加工黄铜的用途详见表 3-2。

表3-2 常见加工黄铜的用途

牌号		用途	牌号		用途
普通黄铜	H96	冷凝管、散热器管、导电零件	特殊黄铜	HPb63-3	耐磨锡青铜的替代品
	H90	奖章、双金属片、供水和排水管		HPb59-1	热冲压及切削加工零件，如螺钉、垫圈等
	H80	弹壳、机械和电器用零件		HA160-1-1	齿轮、蜗轮、衬套、轴及其他耐腐蚀零件
	H68	复杂的冷冲压件、深冲压件、散热器外壳等		HFe59-1-1	在摩擦及海水腐蚀下工作的零件，如垫圈、衬套等
	H62	销钉、铆钉、螺母、导管等		HSi80-3	钟表、汽车上的一般机械零件

任务2 非金属材料认知及使用

一、车用塑料

汽车塑料制品已由普通装饰件开始向结构件、功能件方向发展，因而要求汽车用塑料材料向强度更高、冲击性更好、超高流动的复合材料和塑料合金方向发展。

应用于车身轻量化的材料除了高强度钢及各种合金材料外，还有塑料。从塑料材料品种上看，目前用量最多的是通用改性塑料，如PP、PE、PVC、ABS及PA等耐热增强的改性。今后发展的方向是高档车越来越多使用工程塑料及其改性材料，以替代金属件，如PC、PBT、PET、PPO的功能化、合金化改性，典型的例子是PC/PBT/PET、PPO/PA、PPO/HIPS、PC/PBT/ABS合金等，低档车越来越多使用PP改性材料，以便于回收，符合环保政策。当前，由于环保和节能的需要，汽车轻量化已成为世界汽车发展的潮流。汽车轻量化大致可以分为三类：车身轻量化、发动机轻量化、底盘轻量化。目的均是在保证性能的前提下，通过使用更轻的材料降低车重，从而实现节能和环保的功能。

汽车塑料件损坏后，在汽车修理厂一般有两种修理方案：一是更换塑料件，二是原件修复。前一种方案主要工作是拆装，技术要求不高，经济效益较好，因而汽车修理厂较倾向于更换；后一种方案费工费时，经济效益不高，技术要求却较高，因此，许多汽车修理厂不太愿意承接汽车塑料件的修复工作，导致许多废旧汽车塑料件流向无证加工点。从绿色环保角度出发，对能够修复的汽车塑料件应以原件修复为主。

表3-3是在汽车中应用的常见塑料种类、特性及应用方式。

表3-3 塑料在汽车应用中的常见种类、特性及应用部件

名称		主要特性	应用举例
一般结构零件	酚醛塑料	有优良的耐热、耐磨、电绝缘、化学稳定性、尺寸稳定性和抗蠕变性,但较脆,抗冲击能力差	分电器盖、分火头、水泵密封垫片、制动摩擦片、离合器摩擦片等
	聚苯乙烯	有优良的耐蚀、电绝缘、着色及成形性,透光度较好。但怕热,抗冲击能力差	各种仪表外壳、汽车灯罩、电器零件等
	低压聚乙烯	强度较高,耐高温、耐磨、耐蚀、电绝缘性好	汽油箱、挡泥板、手柄、风窗嵌条、内锁按钮、轿车保险杠等
	ABS	有较高的抗冲击性能,良好的强度、耐磨性、化学稳定性、耐寒性,吸水性小	转向盘、仪表板总成、挡泥板、"行李箱"、小轿车车身等
	有机玻璃	具有高透明度、耐蚀、电绝缘性能好,有一定的力学强度,但耐磨性差	油标尺、油杯、遮阳板、后灯灯罩等耐磨减磨零件
耐磨减磨零件	聚酰胺（尼龙）	有韧性、耐磨、耐疲劳、耐水等综合性能,但吸水性大,尺寸稳定性差	车窗摇手、风扇叶片、里程表齿轮、输油管、球头碗、衬套等
	聚甲醛	有优良的综合力学性能,尺寸稳定性好、耐油、耐磨、电绝缘性好,吸水性小	万向节轴承、半轴和行星齿轮垫片、汽油泵、转向节衬套等
	聚四氟乙烯	有极强的耐蚀性、良好的化学稳定性、耐低温性、电绝缘性	汽车各种密封圈、垫片等
耐高温零件	聚苯醚	具有很宽的使用温度范围（-127～-12℃）,良好的耐磨、抗冲击及电绝缘性能,良好的力学性能、耐磨、耐高温、耐蚀	小型齿轮,轴承、水泵零件等,活塞裙、正时齿轮、水泵、液压系统密封圈,冷却系密封垫等
	聚酰亚胺	性能好,化学性能稳定	
隔热减振零件	聚氨酯泡沫塑料	相对密度小、质轻、强度高、导热系数小、耐油、耐寒、防振、隔音	汽车内饰材料、坐垫、仪表板、扶手、头枕等
	聚氯乙烯泡沫塑料	相对密度小,导热系数小,隔热防振	各种内装饰覆盖件、密封条、垫条、驾驶室地垫等

二、车用橡胶

橡胶作为一种有机高分子材料,按其原料来源可分为天然橡胶与合成橡胶两大类,根据其应用范围可分为通用橡胶与特殊橡胶。

天然橡胶的原料产自自然界中含橡胶的植物。纯天然橡胶呈无色半透明状,具有独特的耐寒性、出色的回弹性与耐磨性,不过仅适合用来制作制动皮碗、皮圈等。这类通用型

橡胶对有机溶剂的抵抗能力很差，因此并不适合用在车身上。

合成橡胶也叫人造橡胶，是由石油、乙醇、乙炔、天然气或其他物品中经过加工提炼而成的合成产物。合成橡胶的性质和天然橡胶接近，但对润滑油和燃料的侵蚀抗性更强，且只有合成橡胶才能抵抗苯类等有机溶剂的破坏，因此，汽车行业通常会优先考虑使用合成橡胶。

轿车车身上的常见橡胶件有玻璃嵌条、防水密封条、车门缓冲块、保险杠中的橡胶弹簧、各种垫片等。表3-4是橡胶在汽车中应用的常见种类、特性和应用范畴。

表3-4 橡胶在汽车应用中的常见种类、特性和应用范畴

种类	主要特征	应用实例
天然橡胶	有良好的耐磨性、抗撕裂性，加工性能好，但耐高温、耐油、耐臭氧较差，易老化	轮胎、胶带、胶管及通用橡胶制品等
丁苯橡胶	有优良的耐磨性、耐老化性，力学性能与天然橡胶相近，但加工性能，特别是黏着性较天然橡胶差	轮胎、制动摩擦片、离合器摩擦片、胶带、胶管及通用橡胶制品等
丁基橡胶	有良好的耐气候、耐臭氧、耐酸碱及无机溶剂性能，气密性好，吸振能力强	轮胎内胎、电线、电缆、胶篱、减振配件等
氯丁橡胶	有良好的物理、力学性能，耐臭氧、耐腐蚀、耐油、黏着性好，但密度大，电绝缘性差，加工时易黏辊、脱模	胶带、胶管、橡胶黏合剂、模压制品、汽车门窗嵌条等
丁腈橡胶	优良的耐油、耐老化、耐磨性能，耐热性、气密性好，但耐寒性、加工性较差	油封、皮碗、O形密封圈、油管等耐油配件

三、车用玻璃

汽车玻璃在汽车车身上使用较多，一方面起到挡风、遮雨、密封、采光、构成车身外形和装饰美观的作用；另一方面，车窗玻璃还可以改善视野，为乘客提供清晰无阻的视线条件。尤其是在目前镶装玻璃的面积越来越大的趋势下，玻璃在车身上的作用越来越重要了。除此之外，当汽车产生颠覆或发生碰撞事故时，车窗玻璃还能对乘客起到一定的安全保护作用，因此，现代汽车用玻璃必须采用安全玻璃。车用安全玻璃主要种类如下：

1. 钢化玻璃

通过钢化处理（淬火）能够令普通硅酸盐玻璃的质地变得十分坚固。这种钢化玻璃是通过对其加热至600℃左右时，令其达到软化程度，此时向玻璃两面急速吹送冷风，通过急冷的方式进行"风淬"处理，使其强度得到提高。原理是玻璃表面冷硬形成压应力。钢化玻璃的强度与耐冲击能力和普通玻璃相比，要高出3~5倍，受到重创时，钢化玻璃会瞬间碎裂成带钝边的小碎块，由此避免给人员造成伤害，从而获得一定的安全性。

但这一点也具有不利影响。当意外发生时，撞击力令这种淬火玻璃产生许多细密条纹，使之完全丧失透明度。而且撞击力达到一定程度、令玻璃微粒的平衡遭到破坏时，就

会立即成为碎粉末状态。因此，这种全钢化玻璃因其破损后产生的状态而不再适合镶装于前风窗上，大多装在前风窗以外如侧车窗、后风窗及车门等车身其他部位。

2. 半钢化玻璃

为了攻克钢化玻璃这一缺陷而将用于前风窗处的玻璃进行部分淬火，由此产生了半钢化玻璃、局部钢化玻璃。这种玻璃是通过控制同一块玻璃在局部获得不同的冷却程度来实现半钢化目标，与全钢化玻璃在处理工艺上有所不同。具体处理方式是驾驶员的主视线范围内的玻璃不做淬火处理，其余部分的处理方式与全钢化玻璃完全相同，钢化部分和非钢化部分形成圆滑的过渡。这样一来，在轻微碰撞事故发生时，就能保证在驾驶席所在处保留较大的玻璃片，以此保证驾驶员的视野。

3. 夹层玻璃

夹层玻璃是为了弥补淬火玻璃的不足而产生的，它是目前最适合用来做前风窗的一种安全玻璃。夹层玻璃不需要淬火，而是采用黏结的方式来获得强度，采用两块或三块薄玻璃板，在玻璃板之间夹入聚丙烯酸甲酯或聚乙酸级透明薄膜，令玻璃板黏结到一起，形成夹层式的安全玻璃。因为夹层玻璃中间的透明胶层能与玻璃获得同样的曲率，因此透明度不受胶层影响，不会对驾驶员的视野清晰度造成影响。

夹层玻璃的抗弯强度虽然没有钢化玻璃那么高，但其弹性要远远优于钢化玻璃，同时还具备了钢化玻璃所没有的其他优点：当车辆发生一般程度的冲撞时，其抗冲击能力和抵抗变形能力优秀；当玻璃受到重创破损时，几层黏结起来的玻璃不会如钢化玻璃那般瞬间裂成许多小碎片。采用夹层玻璃的汽车前风窗，能够很大程度地减小汽车发生碰撞事故时对人员带来的伤害。

项目4　常用钣金工具及设备的认知和使用

任务1　手动工具的使用

一、通用工具

1. 扳手

扳手是用来拆装各种螺栓的工具，如图4-1、图4-2、图4-3所示。

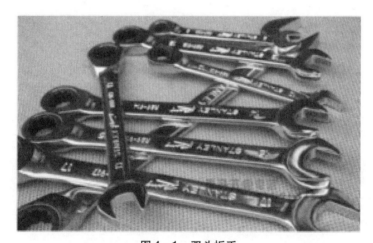

图4-1　双头扳手

图4-2　活动扳手

图4-3 棘轮扳手

2. 螺丝刀

螺丝刀是用来拧一字或十字头螺丝的工具,如图4-4所示。

图4-4 螺丝刀

3. 钳子

钳子是用来夹持、固定加工工件或者扭转、弯曲、剪断金属丝线的手工工具,如图4-5所示。

图4-5 常见的几种钳子

4. 铁剪

铁剪是用来剪切分割金属板材的双刃工具，如图 4-6 所示。

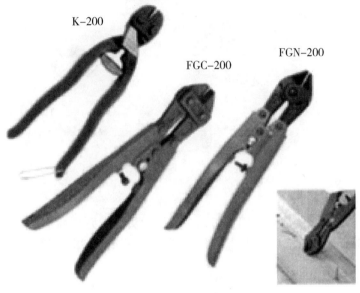

图 4-6 铁剪

二、专用工具

1. 大力钳

如图 4-7 所示，大力钳可用来夹持定位，更换板件，或在严重打滑的紧固件上，扳手和套筒已不起作用的情况下，用于夹紧，起辅助作用。

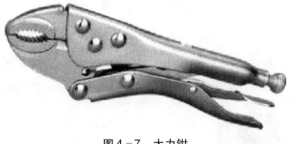

图 4-7 大力钳

2. 垫铁

如图 4-8 所示，垫铁是以高强度钢制成的铁砧，主要用在车身修复中前期的锤击加工与粗加工中。鉴于金属板件形状和结构的不同，垫铁的形状也有多种类型。一般情况下，垫铁依照形状的不同大致可分为低隆起、中隆起、高隆起、平凸起及几种隆起的组合垫铁，每种形状的垫铁一般只适用于相对应的特定形状的金属板件。垫铁有正托法和偏托法两种使用方法。

图 4-8 垫铁

3. 球头锤

如图 4-9 所示，球头锤又称圆头锤，一端是球头形，另一端是圆形平面锤头。球头锤主要用于圆弧板件面的粗整形和对板件进行敲打、校正，还能将铆钉头部敲平。

图 4-9 球头锤

4. 橡胶锤

如图 4-10 所示，橡胶锤用于修复表面微小的凹陷，并且不损坏物体表面的光泽，不会损坏油漆表面；可在相对柔和的敲击过程中实现对小划痕、小凹陷的无掉漆修复。

图 4-10 橡胶锤

5. 镐锤

如图 4-11 所示，镐锤多用于小的凹陷，先利用其尖端将凹陷部位从内部锤出，然后对中心柔软部位进行柔和的轻打即可，其平端与顶铁配合作业可除去高点和波纹。

图 4-11 镐锤

6. 冲击锤

如图 4-12 所示，在维修大的凹陷时，可用冲击锤对凹陷板面进行初始校正，或用于加工内部板件。

图 4-12 冲击锤

7. 精修锤

如图 4-13 所示，用冲击锤修复凹陷之后，需要用精修锤轻敲以便得到最后的外形。

图 4-13 精修锤

8. 匙形铁

如图 4-14 所示，匙形铁具有多种形状和尺寸，可与不同的板面形状匹配使用。

图 4-14　匙形铁

9. 撬具

如图 4-15 所示，撬具具有不同的长度和形状，用于进入有限的空间，撬起凹点。

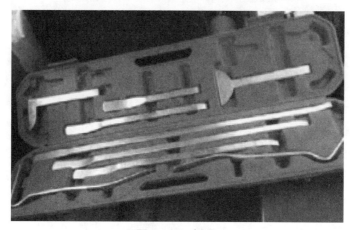

图 4-15　撬具

10. 打板

如图 4-16 所示，打板也被称为线凿，用于修复筋线部位，使用线凿修出来的筋线既直又板。

SP2013-1010
钣金打板六件套
图 4-16　打板

三、手工工具安全操作的注意事项

（1）阅读工具制造商的使用说明书，掌握工具的安全使用知识，并只在该工具适用的工作中使用。

（2）工具必须保持清洁、无锈、锐利、安全、有条理地放置在工具柜或工具箱内。受损或破裂的工具禁止使用。

（3）在进行任何操作时不要把尖锐的工具放到口袋里，以免刺伤自己或损坏车辆。

（4）勿将手工工具用于任何非设计规定的用途。

操作任务：认识与使用钣金工具

一、任务准备

（1）场地：理实一体化教室。

（2）器材：钣金手工工具。

二、大力钳

1. 大力钳的分类

常用大力钳有扁嘴形大力钳、C形大力钳、直嘴形大力钳等，如图4-17至图4-19所示。

图4-17 扁嘴形大力钳

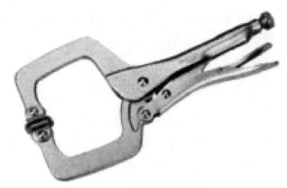

图4-18 C形大力钳

图 4-19 直嘴形大力钳

2. 大力钳的使用

扁嘴形大力钳用于夹紧车身较薄部位，直嘴形大力钳用于夹紧车身较厚部位，C 形大力钳用于夹紧小零件、角钢等部位。

三、垫铁

1. 垫铁正托法

垫铁垫放在钣金凸起的正下方，用手锤在凸起的正上方敲打，使钣金恢复形状。手锤的敲击力通过钣金传至垫铁，实际上是手锤和垫铁双向敲打。手锤打击力越大，垫铁回弹力也越大。垫铁击打钣金的背面，使垫铁紧紧靠在钣金上，击打力越大，展平作用也越大，击打力的大小视钣金的厚度和变形程度而定。手锤和垫铁的击打难免会造成钣金伸张过大或附加变形，因此修整的好坏和速度全靠手工技术。

2. 垫铁偏托法

垫铁垫放在钣金变形的侧方，用手锤敲打凸起物的上方，利用垫铁的回弹力击打垫铁上方凸起部分，可使较大面积的变形缓慢得以恢复。偏托与正托的道理相同，实际应用中视变形部位的变形情况而定。

3. 偏托法操作要领

操作时，将垫铁置于金属板背面的最低处，钣金锤则在另一面敲击变形的最高处，锤击时垫铁也作为敲击工具。

四、锤子

1. 锤子的分类

（1）橡胶锤：用于柔和地敲击薄钢板，不会损伤漆面。

（2）镐锤：维修小的凹陷时，利用其尖端柔和地将凹陷部分从内部锤出。

（3）冲击锤：维修大的凹陷时，可用冲击锤对凹陷板面进行初始校正，或用于加工内部板材。

（4）精修锤：用冲击锤修复凹陷之后，需要用精修锤轻敲以便得到最后的外形。

2. 锤子的使用

（1）通过训练掌握钣金锤的使用方法。

(2) 使用前擦净锤面及手柄上的油污，以免滑脱伤人。

(3) 检查手柄是否松动，以免锤头脱出造成事故。

(4) 用手轻握钣金锤手柄的端部，即约手柄全长1/4位置。握锤时锤柄下面的食指和中指应适当放松，小指和无名指应相对紧一些，使之形成一个比较灵活的转轴。

(5) 敲击工件时，眼睛注视工件，找到敲击落点，正确地握持、摆动钣金锤进行敲击工作，在工件表面留下平整的敲击记号。敲击作业质量的关键在于落点的选择，一般应遵循"先大后小、先强后弱"的原则。从变形较大处按顺序敲打，保证锤头以平面落在金属表面，同时还要注意钣金件的结构强度，有序排列钣金锤的落点。

(6) 用手腕摇动的方法轻轻敲击车身构件表面，利用钣金锤敲击零件时产生的回弹力做圆圈运动。

五、匙形铁

匙形铁也叫修平刀，主要用于抛光金属表面，也可用来撬开损伤处。它的平直表面可以把敲打的力分布在很宽的范围内，用在折皱和隆起部位，并且当板件后面空间有限时，还可当作顶铁使用。

五、打板

根据板件筋线的长度或弧度，选用不同的打板，力求将板件修复成原状。

六、撬具

1. 撬具的种类

撬具有撬板和撬镐两种，如图4-20所示。

（a）撬板　　　　　　　　　（b）撬镐

图4-20　撬具

2. 撬具的使用

(1) 撬板：用于撬起板件凹陷的部位。

(2) 撬镐：用于钣金面的内侧等狭窄而垫铁不易伸入的部位，它可以伸入狭小的空间内，撬起小的凹痕和沟缝。

任务2　动力工具的使用

一、气动工具

1. 气动锯

气动锯如图4-21所示。在进行切割作业时，如果切割部位是车身的板类构件，由于切割量大，手锯切割效率低。另外，手锯还受锯弓的限制，有些部位无法用手锯切割，因此在切割作业时，经常需要用到气动锯。气动锯是利用压缩空气为动力，气动锯锯条只有一端装在锯身上实现锯割作业，由于没有锯弓限制，切割缝可以无限延长。气动锯具有切割效率高、使用方便、对构件损坏程度小等优点。

图4-21　气动锯

2. 气动砂轮机

气动砂轮机的主要作用是打磨和切割，打磨是利用砂轮盘的平面磨削工件的不平部位，如图4-22所示。

图4-22　气动砂轮机

3. 气动打磨机

气动打磨机使用压缩空气作为动力来源，适用于去除车身板件上的旧漆、铁锈等，不会伤及板件表面的镀锌层，如图4-23所示。

图4-23　气动打磨机

二、电动工具

1. 手电钻

手电钻是以电为动力的手持式钻孔工具,如图4-24所示。

图4-24　手电钻

2. 手提砂轮机

手提砂轮机是以电为动力的手持式打磨工具,如图4-25所示。

图4-25　手提砂轮机

三、气动工具的正确使用

1. 气动锯的使用

气动锯主要由锯体、气管接口、气动开关、锯条组成。气动锯在车身维修中广泛应用,尤其在汽车钣金切割方面优势明显,用量很大。气动锯条的材质大多数为双金属,也有硬质合金,齿形主要是波浪齿合侧切齿。

气动锯的操作步骤:

(1) 选择合适的锯条。

(2) 连接气管。

(3) 切割。在切割时要注意,若发现锯条产生振动,应立即停止切割,并对锯条紧固钉作相应松紧度的调整。

2. 气动砂轮机的使用

气动砂轮机的操作步骤：

（1）将软垫装在转轴上，用手旋至紧固即可。

（2）将砂轮片放在软垫上。

（3）用专用扳手紧固砂轮锁紧螺母。

（4）右手抓住砂轮机前面把手，左手抓住后面把手和气动开关。

（5）使砂轮片面积的1/3与被加工表面接触进行打磨。

3. 气动铲

以压缩空气为动力，使其内部的锤体进行往复运动，并击打铲钎，从而实现铲子对金属和汽车材料进行凿打作业。

气动铲的使用步骤：

（1）选择合适的铲头，如图4-26所示。

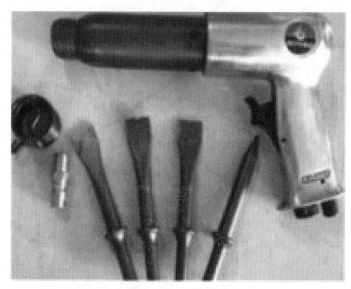

图4-26　各类铲头

（2）安装铲头。

（3）安装铲头弹簧。

气动铲是由压缩空气冲击气缸内的冲击块，用冲击块冲撞气铲头，从而使气铲头获得一定的初速度和动能。气铲头上装有弹簧，它获得的动能一部分被铲击物消耗掉，另一部分与弹簧进行能量交换，变为势能，这是气铲头返回的动力。安装铲头弹簧时一定要安装稳固，否则容易发生铲头脱落的危险。

四、电动工具的正确使用

1. 电动手提砂轮机的使用

电动手提砂轮机主要用于车身修复中的除锈及焊点打磨作业，如图4-27所示。

图 4-27　电动手提砂轮机

电动手提砂轮机的使用步骤：

（1）安装砂轮片。砂轮片根据用途的不同分为割片和磨片，如图 4-28 所示。根据实际需要选择夹具的正反面进行正确安装。

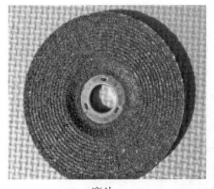
磨片

割片

图 4-28　砂轮片

（2）用专用工具拧紧夹具。
（3）根据需要，调整开关到相应的挡位。
（4）焊缝打磨，参见气动砂轮机的操作部分。

2. 手电钻

手电钻是以电为动力的手持式钻孔工具，如图 4-29 所示。手电钻通常采用的电源电压一般有 220 V 和 36 V 两种，其尺寸规格有若干种，在车身修复中主要用于钣金材料的钻孔。

图4-29 手电钻

（1）钻头的安装。通过顺时针旋转夹头的锁紧装置可快速更换钻头，选用合适的钻头，然后用专用工具反向拧紧。

（2）做好钻孔标记。确定钻孔位置后，用打孔标记器把需要钻孔的位置标记出来。

（3）钻孔操作。按下电源开关，同时按下保险按钮进行锁定操作。

3. 电动切割机的使用

电动切割机主要由机座、工作台、电动机、锯片组成，如图4-30所示。

图4-30 电动切割机

（1）精确量取工件的切割尺寸，并做好标记。

（2）将工件放到切割机相应的位置。

（3）使用切割机上的锁紧装置将待切割的工件锁紧。

（4）按下切割机开关进行切割作业。

五、动力工具和设备的安全操作

（1）要佩戴好防护眼镜及防护面罩，以防飞溅物体伤人。

（2）在使用动力工具前，要安装好动力工具的护具。在对工具进行修理和维护前，应先将工具的空气软管或电源线断开。

（3）动力工具使用时不要超出其额定功率。例如砂轮通常有每分钟最大转速，操作时应确保动力工具未超出砂轮、刷子或其他工具的极限转速，否则砂轮或刷子可能会炸开，砂轮碎块或钢丝甩出会造成人员、物品的损伤。

（4）用工具进行研磨修整时，应避免工具表面硬化、金属过热。

（5）用动力工具对小零件进行加工时，不要一手持零件，一手持动力工具进行操作，否则零件容易滑脱，对手部造成严重的伤害。

（6）在进行研磨、钻孔、打磨时，一定要使用夹紧装置将零件夹紧或固定。

任务3　认知钣金常用设备——焊接设备

汽车车身是通过各种板件连接而构成的，常见的连接方式有机械连接、焊接和粘接等。焊接在车身维修过程中的应用十分普遍，尤其是在整体式车身的维修中。由于整体式车身的框架结构都是通过焊接连接起来的，因此，在修理过理中也需用焊接的方式将修复好的板件或需要更换的板件重新焊接起来。

焊接，也被称为熔接，是一种以加热的方式接合金属或塑料等热塑性材料的制造工艺和技术。焊接可分为气焊、电阻焊、电弧焊、感应焊接和激光焊接等。

一、气焊机（惰性气体保护焊机）

惰性气体保护焊机主要用于焊接高强度的低合金钢或低碳钢车身，也用于焊接铸铝件，如破裂的变速器、气缸、进气管等。使用惰性气体保护焊机进行焊接是一种高效率的焊接方法，在焊接过程当中，惰性气体可以对焊接部位进行保护，以免熔融的板件受到空气的氧化。惰性气体的种类由需要焊接的板件而定，钢材都用二氧化碳或二氧化碳和氩气的混合气体作为保护气体。这种焊接法采用焊丝自动送丝，敷化金属量大，生产效率高，焊接品质稳定。

1. 惰性气体保护焊（MIG）的工作原理

以惰性气体作为保护气，使电弧及熔池与周围空气隔绝，防止空气中的氧、氮、氢对熔滴和熔池金属的有害影响，从而获得优良的机械保护性能。惰性气体保护焊使用一根焊丝，焊丝以一定的速度自动进给，在板件和焊丝之间出现电弧，电弧所产生的热量使焊丝和板件熔化，从而将板件熔合连接在一起，这就是惰性气体保护焊的工作原理，如图4-31所示。

现在车身中的纵梁、横梁、立柱等结构件都是使用高强度钢或超高强度钢制造，惰性气体保护焊在焊接整体式车身上的高强度钢板方面比其他常规焊接方法更适合。因此，当今汽车上使用的新型高强度钢不能用氧乙炔或电弧焊进行焊接，而广泛应用惰性气体保护焊。

相对于其他弧焊机，MIG焊机添加了送丝机构及相应的送丝控制电路，在焊接过程中实现了半自动化，不但提高了工作效率，也减少了损耗。焊接过程中使用廉价的CO_2

气体作保护,使得起弧容易,焊接成本低且效果好。而且送丝速度及输出电压可调节,可使两者达到良好的匹配,提高了焊接品质,适用于各类焊接。

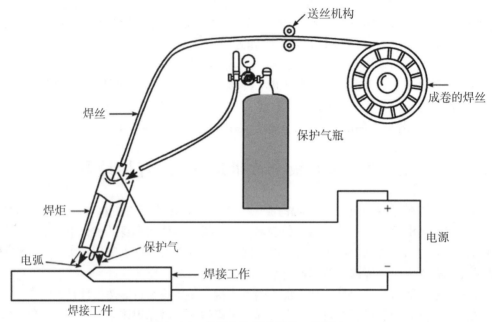

图 4-31　惰性气体保护焊的工作原理

MIG 焊机的送丝方式一般有三种:推丝式、拉丝式、推拉结合式。不同的送丝方式对送丝的软管要求各不相同。对于推丝式,送丝软管一般在 2.5 m 左右,而推拉结合式的送丝软管可达 15 m。为了保证送丝稳定,对相应的送丝电动机和送丝控制电路都要求严格。

2. 气体保护焊的组成

(1) 焊机电源把 220V 或 380V 的电压变为 16V 左右的低电压,同时把电流放大。电源电压稳定才能保证焊接电压稳定,否则会影响焊接质量。

(2) 带有流量调节器的气源,如图 4-32 所示。

图 4-32　带有流量调节器的气源

- 钢瓶：二氧化碳气体钢瓶用于贮存液态二氧化碳，瓶身外表涂成铝白色，并写有黑色"二氧化碳"字样，瓶装压力为 5~7 MPa。
- 预热器：为防止管路结冰冻结，在减压之前要将二氧化碳气体通过预热器进行预热。预热器电源为 220V，应接在焊机预热器电源接口上。
- 减压阀：将高压的二氧化碳气体减小成压力为 0.1~0.2 MPa 的低压气体。
- 气体流量计：用来调节气体流量的大小。

（3）送丝装置：在焊接时，使焊丝自动送出，由送丝机、送丝软管等组成，可以通过控制面板上的调节旋钮调整送丝速度，如图 4-33 所示。

（4）控制面板：主要用于在焊接前或者焊接中调节焊接电流或焊接电压、送丝速度，以及点焊脉冲电焊功能的选择，如图 4-34 所示。

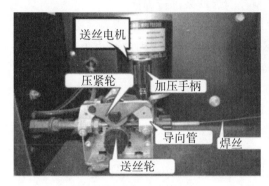
图 4-33 送丝装置

图 4-34 控制面板

（5）焊枪：在二氧化碳气体保护焊中，执行焊接的部分叫焊枪，它的作用是将焊丝引导至焊接部位并喷出保护气。焊枪包含导电嘴、喷嘴、微动开关、焊把，如图 4-35 所示。

（6）焊丝：焊丝既是填充金属又是电极，所以焊丝既要保证一定的化学成分和力学性能，又要保证具有良好的导电性和工艺性能，如图 4-36 所示。

（7）电缆和搭铁线：焊接部位与搭铁线连接，可以形成电流回路，如图 4-37 所示。

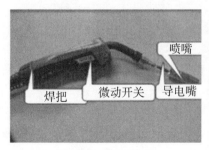
图 4-35 焊枪

图 4-36 焊丝

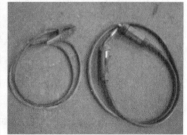
图 4-37 电缆和搭铁线

3. 惰性气体保护焊的特点

（1）操作方法简单。操作者只需接受数小时的指导并通过练习，就可学会并熟练掌握MIG设备的使用方法。和高级电焊工采用传统的焊条电弧焊相比，一般的MIG焊工就可以做到焊接的质量更高、速度更快、性能更稳定。

（2）MIG可使焊接板件100%熔化，从美观的角度而言，经MIG焊接过的部位能够修平或研磨到与板件表面同样的高度，同时不会降低强度。

（3）在薄的金属上进行焊接，可以使用弱电流来预防热量对邻近部位的损害，避免发生强度降低和变形。

（4）电弧平稳，熔池小，便于控制，并确保熔敷金属最多、溅出物最少。

（5）MIG焊接更适合焊接有缝隙和不契合的部位，对于某些缝隙，可迅速地在每个缝隙上进行点焊，无需清除熔渣，焊后可直接对这些部位重新上漆。

（6）一般车身钢板，用一根通用型的焊丝来焊接即可。

（7）车身上不同厚度的金属，可用同样直径的焊丝来进行焊接。

（8）通过简单的操作，即可控制焊接温度与焊接时间。

（9）采用MIG焊接时，对需要焊接的区域加热时间较短，因此减小了板件的疲劳和变形，因为金属熔化的时间极短，所以能够轻松进行立焊和仰焊操作。

4. MIG焊机的焊接过程

（1）焊丝在焊接部位经过瞬间的短路、回烧并产生电弧。

（2）每一次工作循环中，都会发生一次短路电弧，并从焊丝的端部将微小的一滴液滴转移到熔化的焊接部位。

（3）在焊丝周围有一层气体保护层，它可防止大气的污染，还能稳定电弧。

（4）连续进给的焊丝与板件相接触而形成短路，电阻令焊丝与焊接部位受热。

（5）持续加热后，焊丝开始熔化、变细并产生收缩。

（6）收缩部位电阻的增加将加快该处的受热。

（7）熔化的收缩部位烧毁，在工件上形成一个熔池并产生电弧。

（8）电弧使熔池变平并回烧焊丝。

（9）当电弧间隙达到最大值时，焊丝开始冷却并重新送丝，更接近工件。

（10）焊丝的端部又开始升温，其温度足以使熔池变平，但还无法阻止焊丝重新接触工件，因此，电弧熄灭，再次形成短路，上述过程再次开始。

（11）这种自动循环产生的频率为50～200次/秒。

5. 对MIG焊机的一般要求

在焊接过程中，电弧不断地燃弧、短路，重新引弧、燃弧，如此周而复始，从而使得弧焊电源经常在负载、短路、空载三态间转换。因此，想要获得良好的引弧、燃弧和熔滴过渡状态，必须对电源的动态特性提出如下要求：

（1）焊接电压可调，以适应不同的焊接需求。

（2）最大电流限制，即有截流功能，避免因短路、干扰而引起的大电流损坏机器，当电流正常后，又能正常工作。

（3）合适的电流上升、下降速度，以保证电源负载状态变化，而不影响电源稳定和焊接品质。

（4）满足送丝电动机的供电需求。

（5）平稳可调的送丝速度，以满足不同的焊接需求，保证焊接品质。

（6）满足其他焊接要求，如手开关控制，焊接电流、电压显示功能，反烧时间调节，焊丝选择，完善的指示与保护系统等。

6. 常见缺陷及故障原因

（1）气孔、凹坑：气体进入焊接金属中，会产生气孔和凹坑，产生的原因包括板件上有锈迹或污物、焊丝上有锈迹或水分、保护不当、喷嘴堵塞、焊丝弯曲或气体流量过小、焊接时冷却速度过快、电弧过长、焊丝规格不正确、气体被不适当封闭、焊接表面不干净等。

（2）咬边：咬边是由于板件过分熔化而形成一个凹坑，它使板件的横截面减小，严重降低了焊接部位的强度。产生的原因有电弧太长、枪角度不正确、焊接速度太快、电流太大、焊枪送进太快、焊枪角度不稳定等。

（3）不正确熔化：不正确熔化发生在板件与焊接金属之间或两种熔敷金属之间，产生的原因有焊枪的移动太快、电压过低、焊接部位不干净等。

（4）焊瘤：角焊比对接焊更容易形成焊瘤。焊瘤会引起应力集中而造成过早腐蚀。产生的原因有焊接速度太慢、电弧太短、焊枪移动太慢、电流太小等。

（5）熔深不足：金属板熔敷不足会造成熔深不足。产生的原因有电流太小、电弧过长、焊丝端部未对准两层金属板的对接位置、槽口太小等。

（6）焊接溅出物过多：过多的溅出物在焊缝的两边形成许多斑点和凸起。产生的原因有电弧过长、板件金属生锈、焊枪角度太大等。

（7）焊缝浅：进行角焊时，在焊缝处极易产生溅出物，从而使形成的焊缝较浅。产生的原因是电流太大、焊丝规格不正确等。

（8）垂直裂纹：裂纹通常只发生在焊缝顶部的表面，产生的原因有焊缝表面有油漆、油、锈斑等。

（9）焊缝不均匀：焊缝呈不规则的形状，而非均匀的流线型。产生的原因有焊枪嘴的孔被损坏或变形、焊丝通过嘴口时发生摆动、焊枪不稳定、移动速度不稳等。

（10）烧穿：烧穿的焊缝内有许多孔。产生的原因有焊接电流太大、两块金属之间的坡口太宽、焊枪移动速度过慢、焊枪与板件之间的距离太短等。

二、电阻点焊机

车身修理所用的电阻点焊机通常是指需要在金属板的两边同时进行焊接的设备（双面点焊设备），而不是指那种从同一边将两块金属板焊接起来的点焊机（单面点焊设备）。双面点焊用于结构性部件的点焊，而单面点焊的强度比较低，一般只能用于外部装饰性面板的焊接。电阻点焊过程中产生的热量少，对板件的影响小，可以进行快速、高质量的焊接，对操作者要掌握的操作技巧的要求较低。电阻点焊机适用于焊接整体式车身上需要焊接强度好、不变形的薄型零部件，例如车顶、窗洞、门洞、车门槛板和许多外部壁板等部件。

1. 电阻点焊接的工作原理

电阻点焊是利用低电压、高强度的电流流过夹紧在一起的两块金属板时产生的大量的电阻热，用焊枪电极的挤压力将它们熔合到一起。

2. 电阻点焊的五要素

具体为电流、时间、加压压力、电流密度和电极材料。

3. 电阻点焊机的组成

电阻点焊机由变压器、控制器和带有可更换电极臂的焊枪（焊炬）等组成，如图4-38所示。

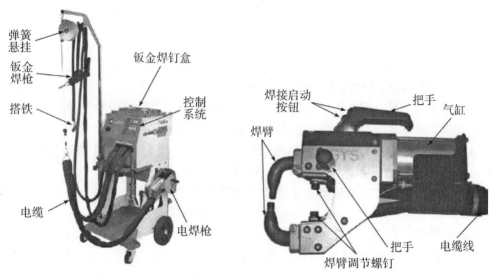

图4-38 电阻电焊机

（1）变压器。变压器将低电流强度的220 V或380 V车间线路电流转变成2～5 V的低电压、高电流强度的焊接电流，避免了电击的危险。

（2）焊机控制器。焊机控制器可对变压器输出焊接电流的强弱进行调节，并可调节出精准的焊接电流通过时间。通常在进行车身修复时，每个焊点的焊接时间控制在1～6 S。

（3）焊炬（焊枪）。焊炬通过电极臂，向被焊金属施加挤压力，并流入焊接电流。绝大部分电阻点焊机上都带有一个加力机构，能够制造很大的电极压力以保证焊接品质。

操作任务：认识与使用焊机

一、任务准备

（1）场地：理实一体化教室。

（2）器材：二氧化碳气体保护焊机、电阻电焊机等设备。

二、任务训练

二氧化碳气体保护焊机主要由焊机、惰性气体保护气瓶、气压调节器、焊丝、焊炬、导电嘴和电缆线等部分组成，如图4-39所示。

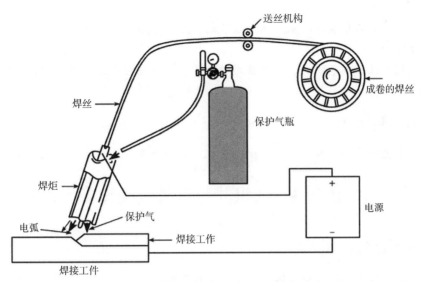

图 4-39 二氧化碳气体保护焊接设备组成

1. 送丝装置

由焊丝盘、送丝轮和控制装置等组成。

2. 焊丝

在车身修理中，使用焊丝的直径一般为 0.6～0.8 mm。

3. 焊机电源

电源的核心是变压器，它把 220 V 或 380 V 的车间电压转变成只有 2～5 V 的低电压，同时电流会变得很大。

4. 电缆和接地装置

焊机的电缆线要绝缘可靠，焊接的工件要可靠接地才能形成电流安全回路。

5. 焊炬

焊炬也称为焊枪，如图 4-40 所示。

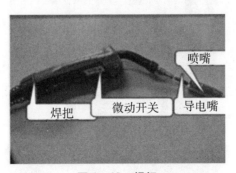

图 4-40 焊炬

在焊炬上有控制开关，其作用是将焊丝引导至焊接部位。焊炬前部有喷嘴和导电嘴。

6. 惰性保护气体

焊接一般用二氧化碳或二氧化碳和氩气的混合气体来进行保护。

7. 控制面板

通过控制面板可调节电流、电压及送丝速度，同时还可以进行对点焊和脉冲点焊功能的控制。

三、任务拓展

使用二氧化碳气体保护焊机、电阻电焊机焊接一个小工艺制品。

任务4　认识其他常用钣金设备

一、整形设备认知

汽车受到轻微碰撞后，车身极有可能产生轻微凹陷。因此，汽车维修技师必须熟练掌握车辆整形修复的基本技能，学会使用整形设备对车身进行整形修复。车身整形的目的是修复车辆的整体使用性能和车身各部位的性能，确保车辆各项指标尤其是安全指标都在正常范围内。

在进行车身整形时，对车身各部位的检查与修复的操作，其成果质量并不仅仅是关乎车辆的外形美观及车辆本身价值的高低，更与人们的生命财产安全息息相关。

汽车外形修复机也被称为车身整形机，这种钣金整形设备在汽车修理厂中非常常见，如图4-41所示。

图4-41　汽车外形修复机

汽车外形修复机尤其擅于修复汽车车身上因碰撞造成的深坑，且操作简便、工作效率较高、耗时较短。汽车外形修复机通过改变焊接工具的方式，来完成单面电焊、环行介质、蛇形焊线等工序，对车身进行拉、拔、补、修、加热、回火等整形操作，可见，汽车外形修复机在车身修复工作中必不可少。

其工作原理与电焊机相似，即利用低电压、高强度的电流流过两块铁板时产生的高电阻热熔化接触部分的金属，用焊枪电极的挤压力把它们熔合在一起，从而达到焊接的目的。

汽车外形修复机具有焊接介质（供拉拽用的介质）单面电焊、电加热收火、碳棒修补与加热、钢板压平等功能，优点是焊接速度快、受热范围小、金属不易变形、操作方便，无论是怎样的车身结构，都能在凹陷部位焊接不同的介质，通过拉拽的方法使之修复。汽车外形修复机集多种焊接、加热等功能于一体，为车身整形修复带来了便利。

二、校正设备认知

有些时候，遭遇碰撞的汽车车身虽然暂时被修复，然而在使用一段时间后，可能会出现车胎偏磨、跑偏、前翼子板安装处裂纹扩大等现象。这是由于车身内部损伤未彻底修复所致。

汽在遇到碰撞、追尾、倾覆等事故以后，车身和车架发生变形，可通过校正设备校正，令其恢复如初。地框式校正设备、车身大梁快速校正器、平台式校正设备和带定位夹具的校正设备是较为常见的车身校正设备。

本节学习重点是掌握各类校正设备的特点及功能，认识各类校正设备的作用及组成。

1. 地框式校正设备

在车身校正设备的发展过程中，起步较早且仍在广泛使用的设备就是地框式校正架。虽然各种性能优异的校正设备不断涌现，但地框式校正架由于具有一定的自身优势，仍然具有很强的生存空间。

其优势具体表现为结构简单，操作方便，适合中小型事故车辆的快速修理；占用空间少，可以作为快修工位或临时停车位；扩展功能强，多连体的地框式校正架经过组合可满足特大事故车辆的多点粗拉伸需求。

地框式校正架的缺点是车身下部作业空间小，难以满足大事故车辆的修理要求。

2. 车身大梁快速校正器

车身大梁快速校正器常用于发生刮蹭等小事故车辆需快速拉伸校正的场合，同时能充当举升机使用对底盘进行检修、拆卸、装配以及零部件的拆卸及装配，与无尘干磨和电子底盘测量仪配合使用。

车身大梁快速校正器使维修车辆的拆卸和修理可以在一个工位完成，减少不必要的车辆移动，节约维修时间，且事故车辆上架非常方便和简单，可在360°范围内拉伸。

3. 平台式校正设备

该类校正架起源于美国，因为美国的车体多数较宽，符合美国人喜欢宽大豪华的生活习惯。平台式校正架如图4-44所示，价格相对便宜，目前在国内市场的占有率最高。主要优点为：采用单边升降方式，方便事故车上下，节约固定时间，方便大、中、小型事故车辆修理，平台较宽，适合多种车型的修理，大多采用网格设计，方便向下拉伸、向上推顶等操作，拉塔可以360°旋转，无拉伸盲点。

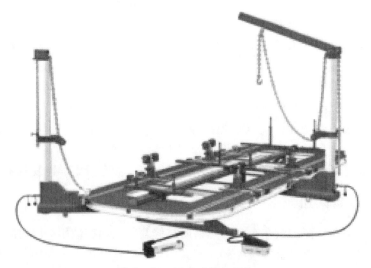

图4-44　平台式校正设备

平台式校正架最大的缺点为作业空间小，且没有配备定位夹具或精确支撑工具，更换结构件时较麻烦。

4. 带定位夹具的校正设备

带定位夹具的车身校正设备是通过定位夹具来固定、定位、测量车身底盘部位重要的点，不仅可以将校正设备移动到被修车车身的下方将其举起，而且还可以对车辆直接进行测量、定位和拉伸，如图4-45所示。

图4-45　带定位夹具校正设备

三、测量设备认知

车辆在交通事故中严重受损后,为了对汽车进行合理修复,需要对车身进行测量,并在此基础上恢复其性能与尺寸。本节的学习重点是了解各类测量系统的作用及组成,掌握各类车身测量系统的特点及功能。

车身修复程序中,对车身的测量是必须进行的操作之一,是完成事故车辆损伤评估、矫正、板件更换及安装调整等工序的重要前提。为恢复汽车的正常性能,总成的安装位置必须准确无误,所以在修理过程中,必须精确地测量车身尺寸。

机械测量系统和电子测量系统是最常见的车身测量工具,二者对于维修前的损伤诊断和维修后的效果确认发挥着重大作用。车身测量的工作内容就是,使用专用工具和设备,测量车身上各参考点的位置,将测量结果和未受损的位置作为车身参考点进行对比,就可以确定车身所受损坏的范围、方向及程度。车身构件的位置偏差不能过大,通常不超过 3 mm。

1. 机械式测量系统

我国目前使用最为普遍的是车身测量系统,这是一种机械式测量系统,其特点是使用机械标尺或标尺组合,用直接和车身接触的办法测量出车身上控制点之间的相对距离。机械式测量系统的价格低廉、测量结果直观、测量精度较高,能够较大程度地满足车身修理的需求。缺点是该系统技术含量一般且测量工序较多,操作起来也比较复杂。常见的机械测量系统有门框式(如图4-47所示)、米桥式(如图4-48所示)、带定位夹具式。

图4-47 机械式测量系统

图4-48 米桥式测量系统

2. 电子式测量系统

电子式测量系统是通过超声波、蓝牙或测头传感器来测量车身底部、侧面和上部等部位,将测得的数据通过接收装置传递给计算机的测量系统。常见的电子测量系统有 SHARK 超声波电子测量系统、三坐标 EasyArm 电子测量系统等,如图4-49所示。

图4-49 电子式测量系统

超声波电子测量系统是采用超声波技术,利用计算机进行控制的全自动测量系统,其一端与车辆测量点上的附件相连,另一端连到测量横梁上,由发射器上的两个发射点来发射超声波。

操作任务1：认识与使用汽车外形修复机

一、任务准备

（1）场地：理实一体化教室。
（2）器材：汽车外形修复机。

二、任务训练

1. 认识汽车外形修复机的组成

汽车外形修复机主要由整形机设备、惯性锤、碳棒等组成，在整形时还配合使用各类手工工具、电动工具和气动工具等。

2. 练习汽车外形修复机的使用

（1）控制面板。如图4-42所示，控制面板由电流调节按钮、指示灯、电源开关、收火切换开关、时间控制按钮等组成。

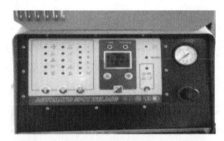

图4-42　汽车外形修复机控制面板

（2）惯性锤。如图4-43所示，惯性锤是一种手工微调车身外形的工具。将惯性锤带钩的一端钩在车身需要拉伸的位置，然后用手握住锤身，向车身外部用力拖拉，从而使车身凹陷部位复原。

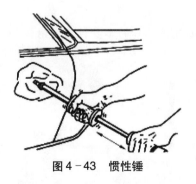

图4-43　惯性锤

三、任务拓展

用汽车外形修复机制造一个弧面。

操作任务 2：认识与使用汽车车身校正设备

一、任务准备

（1）场地：理实一体化教室。
（2）器材：各类车身校正设备。

二、任务训练

1. 平台式校正设备

车身平台式校正设备主要包括工作平台、升降支架、塔柱、塔柱连接机构、油泵和附件等。通常将事故车身移动到平台上，并进行有效的固定，采取一定的措施和合理的维修工艺对车架、纵梁、横梁、门柱及下边梁等骨架部位进行修复。

以平台作业式校正仪为例，这种平台结构简单，维修快捷，耐用。事故汽车（车身）可方便地移动平台，且工作平台可以自由地下降和举起，塔柱可在工作台的外周边 360°移动。

根据事故造成的车辆损伤情况，可有针对性地选择不同的夹具，如图 4-46 所示。结合塔柱的方向，链条将受损部位进行矫正和修复，恢复其原始尺寸和形状。在修理过程中，根据修复部位的位置、刚度、受力方向，选择车身校正仪附件中的夹紧夹具、拉伸夹具、拉钩、尼龙绳、链条等工具进行组合。

2. 带定位夹具的车身校正仪

带定位夹具的车身校正仪是通过定位夹具来固定、定位、测量车身底盘部位重要的点。在带定位夹具的车身校正仪上，除了使用固定夹具固定车身外，可以提供很多定位夹具去固定、测量、定位需要校正的点，如前后桥的固定支撑点、发动机的装配点、散热器或保险杠固定点、底盘车身设计的工艺点。有了这些定位夹具，就不用担心在拉伸变形部分时造成其他点的变形。

（1）组成：带定位夹具的车身校正仪主要由移动式平台、测量组尺、支撑杆、塔柱、油泵及附件组成。
（2）校正仪附件认知：带定位夹具的车身校正仪附件如图 4-46 所示。

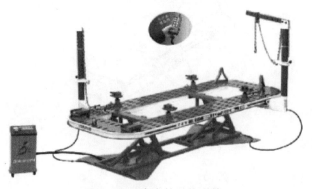

图 4-46 车身校正仪附件

(3) 夹具选用：车辆上到平台上后，首先是找好车身与测量系统的基准，其次是在校正平台上定位。

三、任务拓展

优秀的车身校正仪生产企业

瑞典卡尔拉得有限公司（CAR-O-LINERAB）是汽车碰撞修复产业的主要供应商，世界知名企业。其于1973年第一个开发出具有万能测量系统的车身矫正系统，之后又第一个推出计算机化的电子测量系统。目前，在世界各地的70多个国家分销网络的支持下，已有超过35000套卡尔拉得的碰撞修复系统在世界各地得到广泛应用。卡尔拉得通过了ISO 9001国际质量体系认证，涵盖产品的开发、生产、销售和管理的各个方面。卡尔拉得公司向用户提供高质量设备的同时，更注重提供全面、精确的车身测量数据和优质的技术支持与服务，始终处于世界的领先地位。

操作任务3：认识与使用汽车车身测量设备

一、任务准备

（1）场地：理实一体化教室。
（2）器材：各类车身测量设备。

二、任务训练

1. 机械式测量系统

以米桥式测量系统为例，测量系统主要由米桥尺、横尺、测量头、门尺、上横尺及辅助测量头和安装各种用途量尺的固定器组成，如图4-50所示。

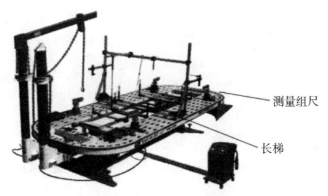

图4-50 米桥式测量系统

2. 电子式测量系统

超声波测量系统主要由超声波发射器、超声波接收器、控制柜（包括计算机，也称主机)及各种测量头等组成。如SHARK超声波测量系统,该系统主要由超声波发生器、超声波接收器、控制柜(包括计算机,也称主机)及各种测量头等组成。

三、任务拓展

正确组装各种实际测量需求下的附件来完成车身的测量。

项目 5　汽车钣金手工成形及放样展开工艺

钣金作业在车身维修作业中占据重要的技术地位，也是钣金维修中的一项基础性作业。尤其是现代流行的全承载式车身，在结构上普遍采用了应力壳体式框架结构，任何构件、支承、连接板等局部变形，都会直接影响汽车的整体性能。

任务 1　钣金件的手工成形

利用 1 mm 厚的钢板制作如图 5-1 所示的立体五角星，并使其尺寸符合表 5-1 中的要求。

设 R 为点 $ABCDE$ 外接圆的半径；r 为点 $JKLMN$ 外接圆的半径；H 为点 S 到 $ABCDE$ 所在平面的距离。

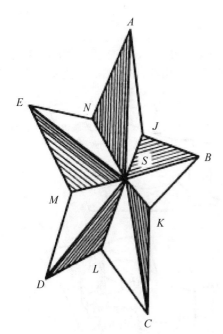

图 5-1　五角星构件

表 5-1　五角星作品规格

作品参数 作品号	R 值/mm	H 值/mm
作品一	30	15
作品二	35	20
作品三	40	20
作品四	45	25
作品五	50	25
作品六	60	30

钣金件手工制作的学习路径：

展开放样和手工制作常用工具的认识→展开放样→薄钢板的剪切与下料→钣金件手工成型基本工艺→检查与修整。

一、画线与下料工艺

1. 画线的基本方法与要求

画线时,应首先确定基准面及基准线,其余的尺寸都要从这条基准线开始。画针的尖端必须紧靠钢板尺或样板,如图 5-2 所示。针尖与直尺的底边接触时,应向外倾斜 50°~60°。画线粗细不得超过 0.5 mm。

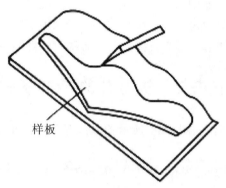

图 5-2 画针的使用方法

2. 打中心孔

剪切下料前,对钻孔标记线应用样冲打上中心孔。打样冲孔时,要把冲尖对准中心点,斜着放上去;在锤打时,要把样冲竖直,握牢样冲,用锤轻轻敲击,如图 5-3 所示。

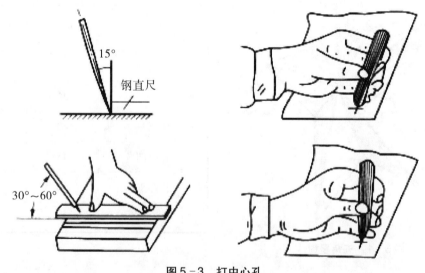

图 5-3 打中心孔

3. 圆弧线的画法

(1) 画规开档位置的调整。为了使画规尖脚移取的尺寸准确,应在钢尺上重复移取几次，这样可以看出误差的大小。例如量 10 mm，一次差 0.1 mm，往往不容易看出来，若量 5 次后相差 0.5 mm 就能明显地看出来了，如图 5-4 所示。

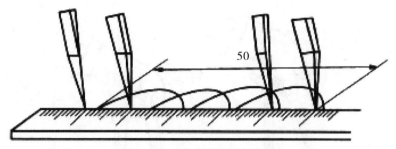

图 5-4　画规开档位置的调整

（2）中心点在工件边缘的画法。如图 5-5 所示，如果圆弧的中心点在工件的边缘上，可借助辅助支座进行。

图 5-5　中心点在工件边缘的画法

（3）中心点在工件之外的画法。如果圆弧中心点在工件之外，可将一块打样冲孔的延长板夹在工件上，如图 5-6（a）所示，也可利用工作台来固定中心点。如果中心点与圆弧线不在同一个平面上，则可先将可调尖脚画规调为两个尖脚一样长且平行的状态，量取尺寸，然后把 1 只尖脚伸长（或缩短）来抵消高度差，再画弧线，否则，画出的弧将过大，如图 5-6（c）所示。

图 5-6　中心点在工件之外的画法

（4）使用圆规画圆的方法：如图 5-7 所示，用圆规画圆时，以掌心压住圆规顶端，使规尖扎入金属表面或样冲孔中。画圆周线时，常常正反各画半个圆周线而成一个整圆。

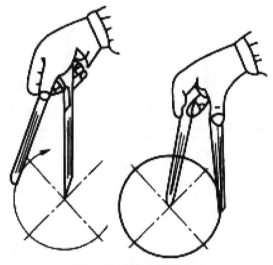

图 5-7 圆规画圆的方法

二、手工剪切基本工艺

1. 直线的剪切方法

如图 5-8 所示，剪切短料直线时，被剪去的部分一般都放在剪刀的右面。左手拿板料，右手握住剪刀柄的末端。剪切时，剪刀要张开大约 2/3 刀刃长，上下两刀片间不能有空隙，否则剪下的材料边上会有毛刺。剪切长或宽板材料的长直线时，必须将被剪去的部分放在左面，这样使被剪去的部分容易向上弯曲。

剪硬料　　　　　　　剪长料　　　　　　　剪板料

图 5-8 直线的剪切方法

2. 外圆的剪切方法

如图 5-9 所示，剪切外圆时应从左边下剪，按顺时针方向剪切，边料会随着剪刀的移动而向上卷起。若边料较宽时，可采取剪直线的方法。

图 5-9 外圆的剪切方法

3. 内圆的剪切方法

如图 5-10 所示，剪切内圆时应从右边下剪，按逆时针方向剪切，边料会随着剪刀的移动而向上卷起。

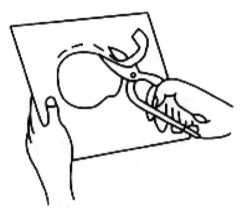

图 5-10 内圆的剪切方法

4. 厚料的剪切方法

如图 5-11 所示，剪切较厚板料时，可将剪刀下柄夹在台虎钳上，在上柄套上一根管子，右手握住管子，左手拿住板料进行剪切。也可由两人操作，1 人持剪刀和板料，1 人敲击，这样也可剪切较厚板料。

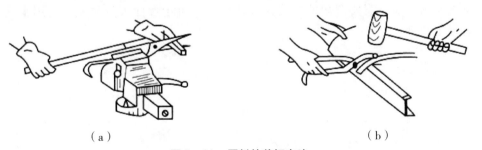

(a)   (b)

图 5-11 厚料的剪切方法

三、钣金件手工制作基本工艺

金属材料在一定载荷作用下，会产生塑性变形而不被破坏。利用金属材料的这个性质，可以将金属板材加工成所需的形状。钣金成形技术就是要在掌握平、直、圆三要素的基础上，以手工操作方式将板材制作成不同形状的制件。

钣金制作中弯曲、拱曲、咬缝、制筋、收放、拔缘等，是车身维修作业的基本技能。这些工艺不仅在钣金作业中占有很大的工作量，而且对维修效率和质量有较大的影响。

1. 弯曲

钣金构件的弯曲属于简单的成形作业，其中利用折弯设备可进行批量加工；而利用手工弯曲则适合单件及现场操作。车身钣金维修作业中多以角形弯曲构件为主，弧形弯曲以筒形构件的制作最为典型。角形弯曲成形的质量关键是直线或相互垂直的直线的加工与制作，如图5-12所示，基本操作要领是按要求画好弯曲线并确保弯曲的角度。筒形的制作则需要过渡圆滑，并且与要求的弧线一致。

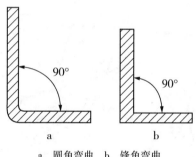

a. 圆角弯曲　b. 锋角弯曲

图5-12

（1）"L"形的弯曲。弯曲"L"形板料的操作过程，可以对照图5-13和图5-14所示的步骤进行如下操作：将弯曲线对正下方钢的棱角并夹牢，用木锤直接敲击使其折弯，该方法适用于厚度小于1.5mm的钢板，也可将木块垫在欲弯曲处用手锤敲击折弯。板料较厚或强度较高时也可以直接用手锤敲打。对于较宽的板料（即弯边较长时），可以用手将其扳弯后再由下至上（从钳口开始）锤击；也可以一边用手掀住，如图5-14（a）所示，另一边用木锤将其弯曲成型。对于过长的板料，还需要借助角钢或简易夹具来完成，如图5-14（b）所示。但无论如何，锤击部位均应沿棱角的边缘从一端循向另一端。需要弯角的棱线比较清晰时，可于弯曲大致完成后，用平锤沿折边轻轻敲击找细。

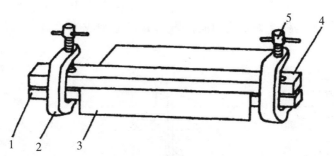

1. 下方钢；2. 弓形钢；3. 板料；4. 上方钢；5. 加工手柄

图 5-13　板料的"L"形弯曲

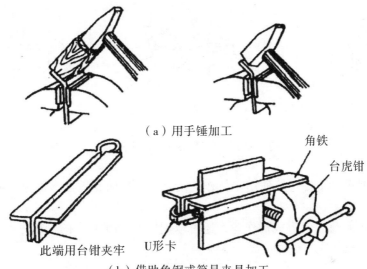

（a）用手锤加工

（b）借助角钢或简易夹具加工

a. 用手锤加工；b. 借助角钢或简易夹具加工

图 5-14　用专门工具加工

板料弯曲成"L"形以后，通常还要大致验证一下弯曲角度。直角的验证方法比较容易，但有些摇把形弯件的折角往往大于90°，一般除按要求处理好夹角外，更主要的是应确保两板平面的平面度。因为这类弯件在装配时，大多数场合都对两平面间的夹角有公差要求，因此在成形过程中应不断进行检查和调整。

（2）"冂"形的弯曲："冂"形的弯曲仍以"L"形弯曲为基础，按图5-15（b）所示方法先弯曲一直角后，再按图5-15（c）所示方案弯折成槽形。如果将板边扳向另一边，就形成了"乙"形构件，如图5-15（d）。与加工"L"形构件不同的是，弯角应略大于90°为宜。因为在成形过程中，尤其是对较长的"L"形构件，通常会伴随着局部变形，如槽底的凹凸和弯边成波浪形等。对此，可用平锤将槽底修平并将棱线理齐，最后再用平锤修整弯边的波形。显然，在修正两弯角直线时，弯边与槽底的夹角还会有所变化。

（3）"几"形和"口"形的弯曲。"几"形和"口"形的弯曲都是在"L"形基础上完成的。按图 5-15（e）所示方法，将槽形件夹持在台钳上并对准弯折线，向外弯曲并敲平便成为"几"形构件。如果改为向内弯曲并敲平则成为"口"形构件，如图 5-15（f）所示。

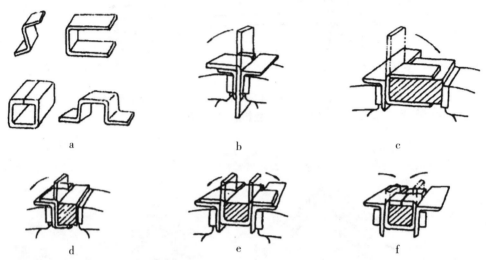

a. 欲扳边形状；b. 扳边形成"L"形；c. 扳另一边形成"匚"形；d. 反向扳边形成"乙"形；e. 向外弯形成"几"形；f. 向内弯形成"口"形

图 5-15　"匚"形等手工成形工序

弯曲板料时最好不要直接使用钳口作棱线基准，以防止因经常性锤击而使钳口发生损伤。

车身维修中遇到的弯边成形作业，还可以用图 5-16 所示的专用弯边器（扳边钳）操作。比起手工操作来，更加快捷、整齐。

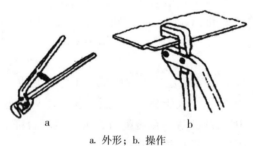

a. 外形；b. 操作

图 5-16　专用弯边器

（4）弧形弯曲。弧形弯曲作业的目的是将板件弯曲成符合要求的弧形或筒形。利用卷板机可批量制作成符合图纸要求的弧形或筒形构件，手工弯曲则更能满足现场使用要求。

图 5-17 为弯曲弧形钣金构件的操作程序。如图所示，加工筒形构件时，第一步先在两侧各 1/4 处分别敲成圆弧形状，然后再由两侧向中间逼近敲成圆弧。为了保证制成的圆

弧或筒形构件与图纸相符，可预先按要求用硬纸做出样板，供制作过程中与之相对应。

当筒形构件接近合拢时，应注意各段圆弧曲线的过渡，通过对其非圆滑部分的修整达到整体形状的一致。

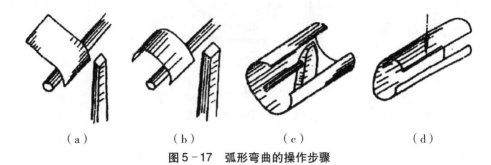

（a）　　　　　　（b）　　　　　　（c）　　　　　　（d）

图 5-17　弧形弯曲的操作步骤

2. 放边

钣金放边操作如果用打薄放边的方法，效果较为显著，但表面光滑程度差，厚薄不均匀。如图 5-18 所示，将预先弯成角材的毛坯平稳地放在砧铁上，然后用手锤敲击放边一侧的边缘，使金属在锤击过程中发生延展变形，角料的边缘随之逐渐放大而向内侧弯曲。

进行放边操作时，应注意角材的底面应与砧铁平面贴合，不能一头高、一头低，也不能沿角材弯角尺处锤击。敲击时的锤痕应均匀、力度适中，锤击面积占弯边宽度的3/4。

拉薄锤放是利用木墩较软和具有一定弹性的特长，使金属材料在木锤或铁锤敲击下伸展拉长的一种方法，适用于制作凹曲零件。为了防止薄板在放边时发生裂纹，可使用这种方法预先将毛坯放展成弯形，再结合其他方法制成符合要求的放边形状。

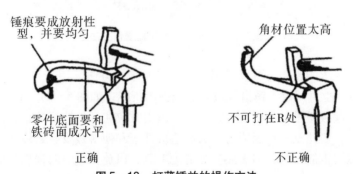

图 5-18　打薄锤放的操作方法

此外，用木锤通过顶木在胎型上锤放，也可以实现钣金件的放边要求，如图 5-19 所示，将毛坯置于胎型上并用顶木抵住相应的部位，用木锤敲击顶木即可实现使金属材料延展、伸长的目的。

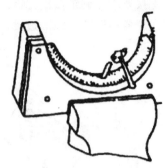

图 5-19　在胎型上放边

3. 收边

收边也称收缩或缩边，是将板料边缘的内侧收缩的一种钣金操作方法，如图 5-20 所示。先在薄板上画出落料减切线和收边轮廓线，落料后将薄板放在钢衬上沿收边轮廓线向内边锤击并旋转毛坯，如图 5-20（a）所示，循序渐进直至完成桶盖边缘的收缩，如图 5-20（b）所示。这是无波折收缩的一种典型操作方法。

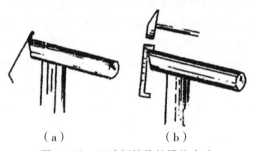

（a）　　　　　（b）

图 5-20　无波折的收缩操作方法

对于无美观要求的收边，可以采用图 5-21 所示的方法，用折皱钳先使收缩边起皱，如图 5-21（a），也可用钣金锤沿收边轮廓线摔出折线，如图 5-21（b），再将毛坯置于规铁上用木锤将起皱敲平，如图 5-22 所示。锤击时应注意从波折的顶点开始，并保证锤击力度轻而均匀，要注意避免因用力过大而造成锤痕和使薄板发生延展变形。

折皱钳可以用钢筋自制，但表面要光滑无毛刺，以免在起皱时损伤薄板。

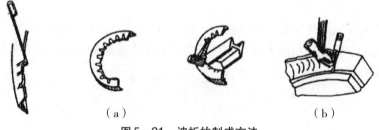

（a）　　　　　　　　　　　　（b）

图 5-21　波折的制成方法

图 5-22 波折收边的成型过程

4. 拔缘

利用收边和放边的方法把板料的边缘弯曲成弯边的方法叫拔缘。拔缘通常有两种形式。一种叫外拔缘，即把圆筒形制件的边缘向外延展折弯，其目的是增加刚性。一般在无配合要求的情况下多采用外拔缘。另一种是内拔缘，也叫孔拔缘，即将制件上孔洞的边缘延展弯折，其目的是增加刚性，减轻重量，美观光滑。如大客车框板、肋骨等板件上常有拔缘孔部分板料构件的拔缘情况。如图 5-23 所示。

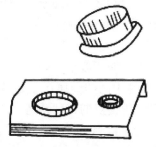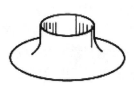

图 5-23 部分拔缘加工件图例

（1）自由拔缘。自由拔缘是利用一般的拔缘工具进行的手工拔缘，如图 5-24 所示。其方法如下：先画出拔缘标记线，将板件靠在砧座边缘，标记线与砧座边缘靠齐，板料锤击部位与座平面形成30°左右的夹角；锤击伸出部分，使之拉伸并向外弯曲，敲击时用力适当，敲击均匀，并随时转动构件。若凸缘要求边宽或角度较大时，可适当增加敲击次数。

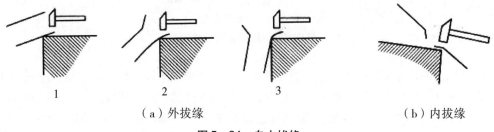

（a）外拔缘　　　　　　　　　　　（b）内拔缘

图 5-24 自由拔缘

（2）型胎拔缘。板料在型胎上定位，按型胎拔缘孔进行拔缘，适合制作口径较小的零件拔缘，可一次成型，如图 5-25 所示。

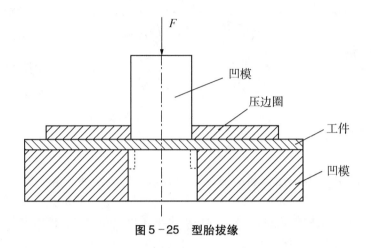

图 5-25 型胎拔缘

5. 拱曲

冷拱曲的基本原理是，使板料的边缘起皱向里收，将中间打薄向外延展。如此，交替反复操作，使板料在锤击过程中逐渐变形，在不使板料被撕裂的前提下，成形为所需的拱形件。

对于较大拱曲的零件，一般应使用球形顶杆或胎模作砧铁锤击成形。如图 5-26 所示，使用球形顶杆应先将板料的边缘做出皱褶，然后在顶杆上将皱褶敲平，板料因沿边的收缩而向内弯曲。与此同时，均匀锤放板件的中部，使拱形件中间的金属产生延伸而拱曲。锤击点和锤击力度应呈放射形，即越靠近拱形件的中部，锤击点的密度越高，锤击力也越大；反之，则疏而且轻。同时，要根据具体成形情况，通过目测随时调整锤击力度和部位，使之达到拱形件的形状和尺寸要求。

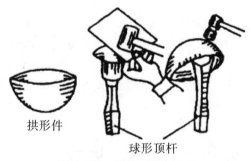

图 5-26 用球形顶杆拱曲

深度拱曲难免使板件厚薄不均、表面不平，为此还要用平锤做最后的精整、修光使其完善。考虑到这一工序会使拱形件回弹一定的量，故拱形件的初成形还应适当大一些为宜。

对于较小的拱曲零件，可使用胎模作砧铁锤击成形。操作时先将板料贴紧在胎模上，手锤从边缘开始逐渐向中心部分锤击。不具备胎模并拱曲较小时，可以用厚橡胶板做垫块将板料锤击成形。

用胎模做拱曲件时，锤击力度要轻而均匀，循序渐进地延展，形成过渡圆滑的凸起。成形完毕，同样也需要根据拱形件的形状将其置于合适的顶杆上，用平锤去除表面凹凸使之平滑。

车身维修中应用最广泛的是钣金托模隆起不同形状的薄板。如图 5-27（a）所示，当车身薄板的凸缘内，并且按图中箭头所示用力方向顶住损伤零件，然后用钣金锤从防护板外缘开始按数字顺序敲击，直至将损伤的板面修正圆滑；如果是车身薄板的隆起部分受到破坏时，应先将板面放松和进行粗略整形，然后采用断续托模及锤击的方法将其修平，如图 5-27（b）所示。采用断续托模法隆起车身面板时，应注意托模在移动过程中不要与薄板脱离，锤击时托模要间歇撞击薄板凹陷区域并连续进行。

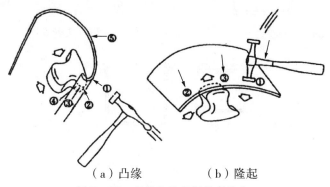

(a) 凸缘　　　　(b) 隆起

图 5-27　凸缘和隆起损伤的修复

热拱曲的基本原理是，利用金属热胀冷缩的性质，通过板料加热、冷却过程中内应力的变化，实现拱形件的成形。如图 5-28 所示，按三角形影区加热板料，被加热部分的金属必定会因受热而膨胀。但是由于热影响，这一部分金属的机械性能明显降低，并不断向其周围未被加热的板料方向伸展，反而因其自身的膨胀而被压缩变小；自然冷却后本身还将往里收缩（水冷的收缩率更大），于是使冷却后的三角形影区 abc 变小到 $a'b'c'$，使局部产生收缩变形。图 5-28 所示的方法沿板料的周围对称而均匀地加热，便可十分容易地收缩成如图所示的拱形件。

这种热拱曲只适应于半径大的球面拱形的制作，当所要求的拱曲量较小时，只要控制好加热温度、区域、密度等，一般不需要外力就可以实现，但对曲率半径较小或非球面过渡的拱形件，还需要比照冷做法借助外力使其成形。其实，这更有利于拱形件的成形而且不使金属发生撕裂或严重的加工硬化现象。

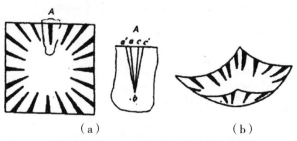

(a)　　　　　　(b)

a. 沿周边加热；b. 冷却后由应力不均形成拱曲

图 5-28　热拱曲原理

6. 卷边

用卷边的方法将金属板的边缘卷起，可以提高构件的强度并使边缘美观，同时还可避免划伤人员或划坏其他物体。如图 5-29 所示，常见的卷边形式有空心卷边、夹丝卷边、平行卷边三种。

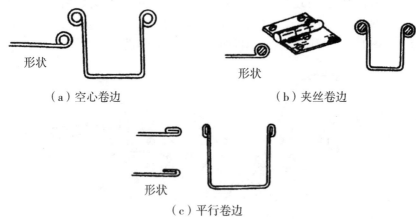

a. 沿周边加热；b. 冷却后由应力不均形成拱曲

图 5-29 卷边的形式

7. 咬缝

咬缝是将板料的边缘敲成榫形（钩形）并扣合在一起的方法。许多车身构件都是采取咬缝并附加点焊方式连接的。咬缝可以取代焊接，这对那些不允许焊接的材料更有实际意义。

根据咬缝的结构可分为单扣和双扣。就咬扣形式而言可分为立扣、角扣和卧扣。

手工咬缝需要使用手锤、弯嘴钳、拍板等，其操作方法与成形过程如图 5-30 所示。先在板料上画出扣缝弯折线，再将板料放到规铁上并使直线与边缘对正，用前述弯曲的办法使板弯折成直角，然后朝上翻转板料并将弯边向里扣，注意不要扣死。用同样的方法将另一块制作加工后，再把两块板料彼此扣合在一起，最后把咬缝棱线压紧即可。

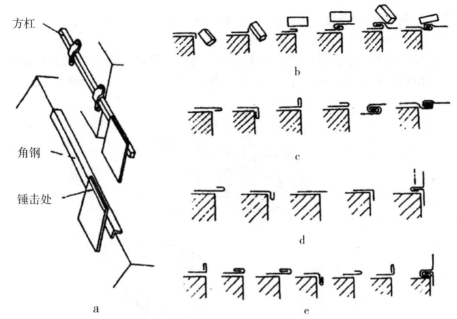

a. 借助角钢或方杠进行咬缝的弯制；b. 卧扣单咬缝的弯制过程；c. 卧扣整咬缝的弯制过程；d. 站扣单咬缝的弯制过程；e. 站扣整咬缝的弯制过程

图 5-30 咬缝的类型及其操作过程

车身构件上常见的咬扣形式多以单扣顺缝为主。用翻边钳取代手工咬缝，可使车门蒙皮与车门内板的咬接十分便利地完成。先将长边用手锤和包布托铁弯折成 30°（注意不要用手锤敲击弯角的边缘，并且不要损坏外板的型线），然后用翻边钳顶住端部，用力夹紧即可。这种翻边方式具有效率高、成形美观、表面锤痕少等优点。应当注意的是，车门蒙皮的咬接虽然简单，但需要在咬缝操作前涂敷锈剂和点焊密封胶，最后还要用点焊方式将其焊牢。

8. 制筋

在薄板上制成各种不同形状的棱线，可以提高构件的刚性和抵抗变形的能力。这种经过制筋的板料，不仅强度发生变化而且还具有美化构件的作用。这也是广为车身构件特别是车身外蒙皮上所采用的主要理由。

车身覆盖件发生损伤后，起加固和装饰作用的外表线形会受到破坏，对车身覆盖件进行了敲平、焊接、挖补等作业后，原有的棱线也可能发生弯曲、扭曲或变得不够清晰了。这些都需要借助工具及手工操作加以修整、恢复，手工制筋是修整、修复操作的基础。

用扁冲手工制筋是最简单的一种方法，适于制棱线细而浅的筋。具体操作方法如图 5-31（a）所示。先画出制筋的标记线，在加工台上铺一块橡胶板并将板料放好，一只手持扁冲对准标记线，另一只手锤敲击扁冲，沿标记线扁冲出符合要求的棱线来。在敲击扁冲制筋的过程中，应注意不要用力过猛而要保持力度深浅一致，移动距离不要超过扁冲的宽度以确保良好的衔接。沿标记全部敲冲一遍后，再由一端开始冲第二遍、第三遍，直至达到符合要求的深度为止。最后，拿到平台上（不垫胶皮）再轻轻敲冲一遍，使起筋形成清晰、整齐的线条。如果要求两面成型多条棱线，可于板料的两面同时画出标记线，并按上述方法在两面交替操作，最后统一做细致的修整。

较深的筋条最好用模具冲制，制筋模具可分为上下两部分，其中，图5-31（b）所示的两套模具需要上、下合模；而借助于简易模具来制筋时，则只要求上模符合形状要求，下模选用相应宽度的槽钢或两块定位角钢即可，如图5-31（c）所示。

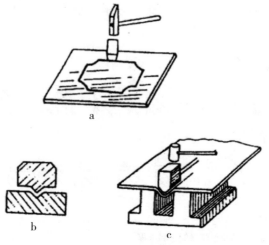

图5-31 手工制筋方法

利用钣筋托模制筋在车身维修中也比较实用。为了提高钣金托模制筋的美观程度，应将拟制筋的宽度和尺寸用画针清晰标出。按图5-32中虚线所示的方法，将钣金托模紧紧顶在画线区的中线上，并按图中标明的数字顺序锤击金属板，直到使金属板发生延展并形成基本轮廓时，再用双头钣金锤和鹤嘴锤交替敲击钣金托模顶部，直至金属充分延展并形成符合要求的筋棱。用钣金托模制筋时，在敲击金属板过程中，一定要用力将钣金托模紧紧顶住工件，注意不要打空、打偏，以防止造成凹陷和产生影响美观的锤痕。

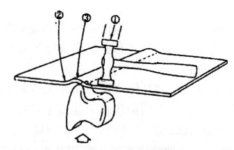

图5-32 钣金托模制筋

当需要将图5-33所示的焊缝隆起时，也需要借助钣金托模时其形成符合要求的焊缝。如图5-33所示，用钣金托模的顶尖直接抵住焊缝的中线，然后用钣金锤从另一面锤击托模顶部及其周围，可使高区和没有用顶尖抵住的部位下降，很快沿焊缝就会形成一定高度的隆起。

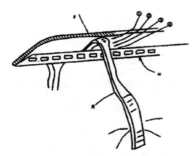

图 5-33 用托模顶尖将焊缝缝起

操作任务：读图制作剪板

一、准备工作

4 名同学共用 1 个工作平台（配 4 个虎钳）。学生每 4 人准备圆规、钣金锤、平锉刀 1 套、量具 1 套、画线工具 1 套（包括羊冲）、木锤及橡皮锤各 1 把、平口錾及錾口锤各 1 把、厚度为 1.0 mm 钢板。实训场地准备剪板设备 2~3 套。

二、读图

读懂钣金件的施工图，并进行分析，想象出构件各部分在空间的相互位置、形状和大小。

三、选择放样基准

放样基准是放样时所选择的起点和基准线、基准面等。通常情况下，放样基准一般可以根据下面 3 种类型进行选择。

（1）以两个相互垂直的线为基准。
（2）以对称中心轴线为基准。
（3）以一个面和一条中心线为基准。

四、作圆的五等分点

以 R 为半径画圆，并求作圆的五等分点，五等分点作法如图 5-34 所示。

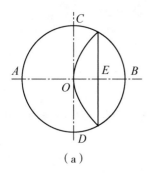
(a)

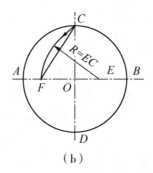
(b)

(c)

图 5-34 圆的五等分

五、按给定尺寸 R、H 做出展开图

用尺寸 R 和 H 画出 S 和 A 两点的正面和侧面投影 $s'a'$、$s''a''$，以及 B、C、D 和 E 的正面投影 b'、c'、d' 和 e'。以 s' 为圆心，$s''a''$ 为半径画弧与 $s'a'$、$s'e'$ 延长线相交于点 a'_1、e'_1，取 $a'_1e'_1$ 的中点 k'，然后以 c' 为圆心，a'_1k' 为半径画弧与 $s'3'$ 延长线相交于 m'、n'，再由 n' 求得 n''。以 d'' 为圆心，$d''n''$ 为半径画圆，过 s'' 做该圆的切线与 $a''d''$ 线相交于点 $3''$，由 $3''$ 求得 $3'$，得 $s'3'$ 为所求的 r 长。用 $s''a''$、$s''3''$ 及 $a'1'$ 便可作出立体五角星的展开图，如图 5-38 所示。

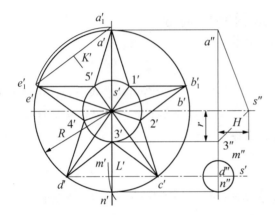 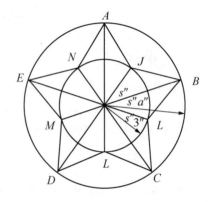

图 5-35 求作展开图

六、画线与下料

(1) 确定 A、B、C、D、E、J、K、L、M、N 10 个点的位置。

(2) 样冲在 A、B、C、D、E、J、K、L、M、N 10 个点的位置上冲上 Φ1 mm 左右的小孔。

(3) 采用画针、钢尺、角尺画出轮廓线。

(4) 采用等离子切割设备沿轮廓线分解。

(5) 修整并校平。

七、手工制作成形

(1) 用色笔或画针标出需要折弯的棱线。

(2) 用平口錾子在凹面沿棱线轻轻錾出印痕。

(3) 用小虎钳夹紧并锤击，必要时需要用木块衬垫。

(4) 在 V 形铁上用平口錾子或平口锤在凹面锤击成形，根据成形情况及构件的大小选用合适的 V 形槽口。

(5) 锤击→检查→锤击→检查→锤击……

(6) 对正反凹面的折线进行交替作业。

(7) 根据成形情况,分析寻找最佳受力点以及力的大小,再操作。

(8) 修整直至使构件尺寸符合要求。

任务 2　钣金件的展开与放样

钣金展开放样广泛应用于机械制造业中,在汽车钣金制造维修中也具有非常重要的地位,如汽车轿车覆盖件、车身大梁、弹簧钢板、消声器等,都采用钣金材料制成。

掌握放样与钣金件展开技法,首先要了解放样展开图的基础知识,例如,常用的几何作图方法,各类几何形体的分析,断面图在放样图中的应用,放样图和施工图之间的关系,放样在钣金展开中所发挥的作用,等等。只有弄懂和掌握放样的基本技能,才能顺利进行接下来的钣金展开工序。在放样工作和钣金工作中,因所作图形几乎都在平面板料上制作,仅依靠直尺量具很难测量准确,因此在使用量具之外,还需借助画线工具来保证图形的准确度。

在本任务中,我们将学习怎样按照图 5-36 给定的主、俯视图,选择相应的方法作天圆地方钣金件的展开和放样图,并按照做出的展开和放样图制作样板。图中的参数如表 5-2 所示。

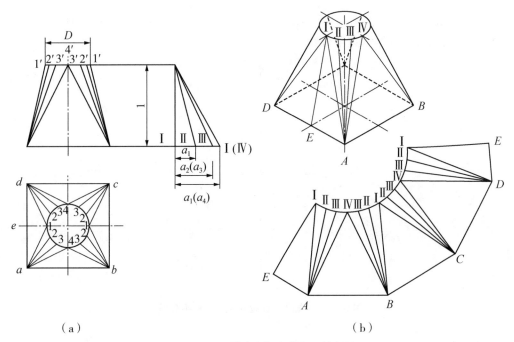

图 5-36　天圆地方钣金件主、俯视图

表5-2 天圆地方钣金件数据

参数 作品号	e 值/mm	D 值/mm	l 值/mm
作品一	60	30	30
作品二	80	40	40
作品三	90	45	45

钣金件展开与放样的学习路径如下：

（1）展开与放样的基础知识。

（2）展开与放样的基本方法。

（3）展开与放样工具的认识。

（4）读图。

（5）求作展开与放样图。

（6）样板制作。

（7）检查与修整。

一、基本几何图形画法

钣金作业的放样展开都由基本图形组成，这里介绍几种常用基本图形的画法。

1. 作已知线段 AB 的垂直平分线

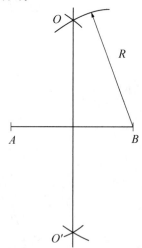

图5-37 作已知线段 AB 的垂直平分线

作图步骤如下：

（1）分别以线段两端 A、B 为圆心，以大于 AB/2、小于 AB 为半径画弧，交 AB 线上下于 O、O′ 两点。

（2）连 OO′，OO′ 即为线段 AB 的垂直平分线。

2. 作以 a 为距离的已知线段 AB 的平行线

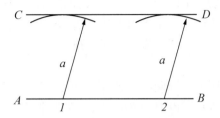

图 5-38 作以 a 为距离的已知线段 AB 的平行线

如图 5-38 所示，作图步骤如下：
（1）在 AB 直线上任取 1、2 两点。
（2）分别以 1、2 两点为圆心，以 a 为半径画弧。
（3）作两弧的外切线 CD。
则直线 CD 为线段 AB 距离为 a 的平行线。

3. 作过三点 A、B、C 的圆

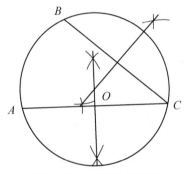

图 5-39 作过三点的圆

如图 5-39 所示，作图步骤如下：
（1）作 A、B、C 任意两点连线的垂直平分线交于 O 点。
（2）以 O 点为圆心，以 O 点到任一已知点的距离为半径作过三点的圆。

4. 作任意正多边形的内切圆和外接圆

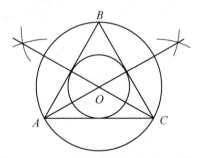

图 5-40 作正多边形的内切圆和外接圆

如图 5-40 所示，作图步骤如下：

（1）作正多边形任意两角的角平分线或作任意两边的中垂线交于 O 点。

（2）以 O 点为圆心，以 O 点到正多边形任一边的距离为半径作内切圆。

（3）以 O 点为圆心，以 O 点到正多边形任一顶点为半径作外接圆。

5. 椭圆的作法

（1）如图 5-41（a）所示，画椭圆长轴 AB、短轴 CD，AB 交 CD 于 O 连接 CA。

（2）如图 5-41（b）所示，以 O 点为圆心，OA 为半径画弧交 CD 延长于 E 点；再以 C 点为圆心，CE 为半径画弧交 CA 于 F 点。

（3）如图 5-41（c）所示，作 AF 的垂直平分线，交长轴于点 O_1，交短轴于点 O_2，并分别求出其对称点 O_3、O_4，连接 O_1O_2、O_2O_3、O_4O_3、O_4O_1 并延长。

（4）如图 5-41（d）所示，分别以 O_2、O_4 为圆心，以 O_2C、O_4D 为半径画对称大圆弧；再以 O_1、O_3 为圆心，以 O_1A、O_3B 为半径画对称小圆弧。四段圆弧交于 1、2、3、4，即得所要的椭圆。

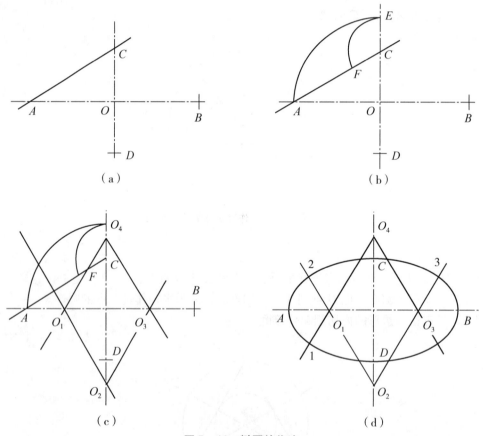

图 5-41 椭圆的作法

6. 抛物线的作法

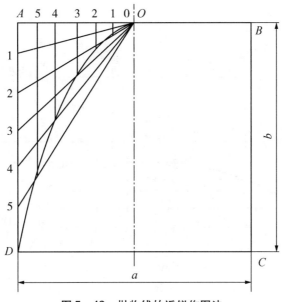

图 5-42　抛物线的近似作图法

如图 5-42 所示，已知抛物线的宽度 a 和高度 b，分别在全高度和一半宽度的长度范围内进行相同若干等分（如 6 等分）。连接抛物线顶点 O 与各纵向分点的连线，同对应的横向分点所引的纵向平行线相交，得 5 个对应交点，顺次光滑连接，即得抛物线的单侧部分。根据对称原理，可得抛物线另外部分。

7. 连接圆弧的作法

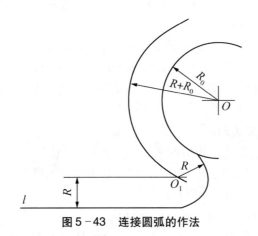

图 5-43　连接圆弧的作法

如图 5-43 所示，以半径为 R 的圆弧，连接已知的直线 l 和圆弧 O。做法如下：

画直线 l 的平行线，并使所画直线到已知直线 l 的距离为 R。以已知圆弧圆心 O 为圆心，以 $R+R_0$ 为半径画弧，与所画直线交于一点 O_1。以 O_1 为圆心，R 为半径画弧，即得要求的图形。

8. 已知弦长和弦高的特大圆弧的作法

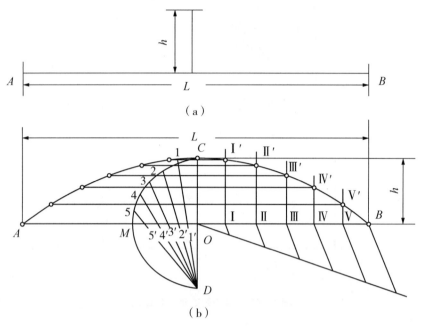

图 5-44 已知弦长和弦高的特大圆弧的作法

如图 5-44 所示，已知弦长 AB 和弦高 h，特大圆弧的作法如下：

（1）作弦长 AB 的垂直平分线 OC，截取 OC 等于弦高 h。

（2）以 O 为圆心，OC 为半径画半圆与 CO 的延长线交于 D 点。

（3）将半圆上半部进行 n 等分（图中 n = 6），得等分点 1、2……n，各等分点与 D 点相连交 OA 于点 $1'$、$2'$……n'。

（4）将 OB 分为与圆弧相等的 n 等分（n = 6），得分点 Ⅰ、Ⅱ、Ⅲ……并过各等分点引垂线，分别截取 Ⅰ$Ⅰ'$ = $11'$、Ⅱ$Ⅱ'$ = $22'$、Ⅲ$Ⅲ'$ = $33'$……得点 $Ⅰ'$、$Ⅱ'$、$Ⅲ'$……

（5）把 $Ⅰ'$、$Ⅱ'$、$Ⅲ'$……各点光滑连接成曲线，该曲线为一半的大圆弧，用对称法作另一半大圆弧。

9. 已知边长作任意多边形

如图 5-45 所示，已知正多边形的边长 a，作任意多边形，作法如下：

（1）以边长 a 的两端点 A、B 为圆心，以 a 长为半径画弧相交于 O、O_6 两点。

（2）以 AB 长为边作正方形 ABCD。

（3）连接正方形的对角线 AC 交 OO_6 于 O_4 点。

（4）取 O_4O_6 的中点得 O_5，则 O_4、O_5、O_6 分别是边长 AB 所作正四边形、正五边形、正六边形的外接圆的圆心，各圆心到 A、B 点的距离就是外接圆的半径。

（5）以 AB 长在各圆周截取等分点，并连线即得相应正多边形。如需作更多正多边形（如正七、正八多边形），则继续在 AB 的垂直平分线上作 O_6O_7 = O_7O_8 = …… = O_4O_5，得到 O_7、O_8……用同法作外接圆，并在圆周上求得等分点，即可作正七边形、正八边形……

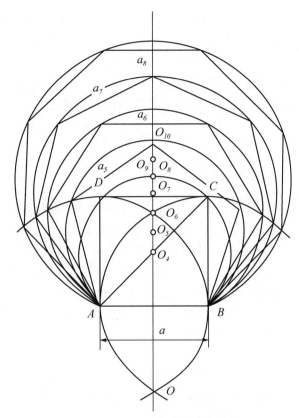

图 5-45 已知边长作任意多边形

10. 圆的渐开线作法

一直线沿圆周连续无滑动地滚动,则线上任一点的运动轨迹称为圆的渐开线,该圆称为基圆,如图 5-46 所示。

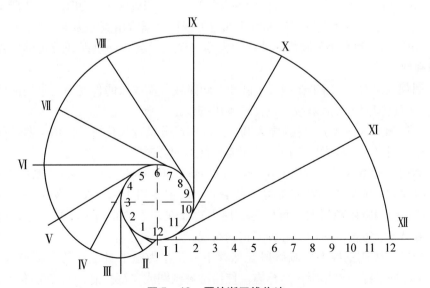

图 5-46 圆的渐开线作法

（1）画出基圆后，将基圆圆周分成任意等分，并将基圆圆周的展开长度（πd）也分成数目相同的等分（图中为12等分）。

（2）在圆周上各分点处，按同一方向作圆的切线。

（3）在第一条切线上取长度等于圆周长（πd）的1/12，得点Ⅰ；在第二条切线上，取长度等于圆周长的2/12，得点Ⅱ；其余各点用同样方法定出。

（4）用曲线板连接Ⅰ、Ⅱ、Ⅲ……各点，即得圆的渐开线。

二、放样

1. 放样的原理

钣金展开的方法有图解法和计算法两种。一般来说，钣金展开通常使用图解法。图解法是指按照施工图，通过画线作图来完成展开图的方法。

放样也叫放大样，是指按照施工图的要求和投影原理，将构件的形状、尺寸按1∶1的实际形态画在施工板料或样板材料上，通过这种方式作出来的图被称为放样图。随着科学技术的不断进步，目前已经出现并推广光学放样自动下料的新工艺和电子扫描放样的新技术。不过，在实际操作中，尤其是在汽车钣金维修中，通常都是单件作业或小批量生产，因此，实尺放样仍然是目前最常见的放样方法。

2. 读图的方式

进行放样时，首先要读懂钣金件的施工图及图中主要内容，然后对构件的形状和尺寸进行分析，接着对构件各部分在空间的相互位置、尺寸大小和形状进行整理。

3. 放样的工具

在明确施工图的各项要求后，根据放样的具体情况准备好放样工具、夹具、量具等。放样画线的主要内容包括标志中心线、画轮廓线、定位线等，在画线时不但要保证尺寸准确，还要保证线条清晰均匀。为了保证生产尺寸的准确并提高工作效率，必须熟练地掌握各种基本几何图形的画法，对应该准备和使用的工具了然于胸。在进行钣金画线时，经常使用的工具有画针、圆规、角尺、样冲和曲线尺等。常用画线工具如图5-47所示。

（1）画针。主要用于在钢板表面画出凹痕的线段。通常由直径为4～6 mm，长150～250 mm的弹簧钢丝和高速钢制成。画针的尖端经淬火后磨锐，以保证有足够的强度、硬度以及锋利性。

（2）圆规（画规）。用于在钢板上画圆、画弧或分量线段的长度等。常用的圆规用工具钢制成，两轨脚尖淬火后磨锐，以保证画出的线条清晰。

（3）长杆圆规（画规）。专为画大圆、大圆弧或分量较长直线时使用。两杆脚可依照所需尺寸任意调整，画较大圆弧时，甚至需要两人配合操作。

（4）直尺。即钢板尺，常用150 mm、300 mm、500 mm、1000 mm等规格和钢卷尺。

（5）直角尺。有扁平和宽座两类。扁平的角尺主要用于画直线以及检验工件装配角度的正确性；使用宽座角尺时，可以将宽座内边靠在钢板的直边上，画出与直边垂直的线。这种角尺灵活方便，适用于各种型钢的画线。

（6）样冲。为使钢板上所画线段能保存下来，作为施工过程中的依据或检查标准，在画线后用样冲沿线冲出小眼作为标志。使用圆规画圆或在钻孔前，也要用样冲在圆心上

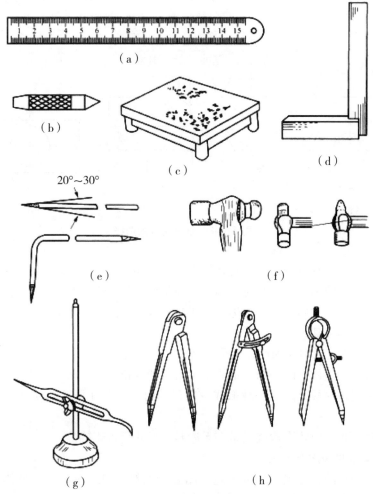

(a) 钢板尺；(b) 中心冲；(c) 画线平板；(d) 直角尺；
(e) 画针；(f) 锤子；(g) 画针盘；(h) 圆规

图 5-47 常用画线工具

冲一小孔做为圆规定心脚尖或钻头定心定位之用。

（7）画线规。用作画与型钢边沿平行的直线。

（8）曲线尺。画线工作中，经常遇到需光滑地连接各曲线已知定点的工序，用曲线尺连接这些点可以提高工作效率和画线的精确度。

（9）小手锤。打样冲用，常用工具钢制成，头部经淬火处理。

除此以外，经常用到的还有量角仪、粉线、画针盘、万能角度尺和各种不同长度的直尺等，均需根据施工图放样时的需要采用。

4. 选择放样基准

所谓放样基准，实际上是画线基准。即是放样画线时起点的基准线、基准面、基准点。基准的确定，通常情况下应选构件的对称面、底面、重要的端面以及回转体的轴线等。在板料放样画线中，基准一般只选择两个，具体可根据以下3种情况来选择。

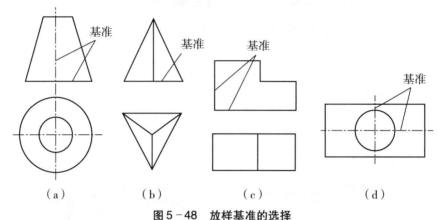

图 5-48 放样基准的选择

（1）以两个互相垂直的平面或直线作为基准，如图 5-48（a）（c）所示。
（2）以一个平面和一条中心对称轴线作为基准，如图 5-48（b）所示。
（3）以一个平面和两条中心对称轴线作为基准，如图 5-48（d）所示。

5. 画线的基本规则

为了保证画线质量和准确性，必须严格遵守以下规则：
（1）垂直线必须用作图法画，不能用量角器和直角尺画。
（2）用圆规在钢板上画圆、画弧或分度尺寸时，为防止圆规脚尖的滑移，必须先用样冲冲出脚眼。
（3）放样画线后要认真检查线条有无遗漏，尺寸是否正确。

6. 放样画线时的注意事项

（1）核对板材的型号规格是否与施工图要求相符；对于重要产品所用材料，应有合格检验证，板材的化学成分和力学性能应符合施工图规定的要求。
（2）画线前板材表面应干净、平整，如发现表面呈波浪形、凹凸不平或过大时，会直接影响画线的准确性，应事先加以矫正。
（3）注意检查材料表面有无夹渣、麻点、裂纹等缺陷。如有，应错开排料，以避免出现废品浪费材料。
（4）画线工具（如直尺、角度尺等计量工具）应定期检查矫正，尽可能采取高效率的工卡量具。
（5）画线前应在画线部位刷涂料，以便辨认线痕。

7. 放样操作

（1）首先画出所选择的基准线，对于图形对称的零件、构件，一般先画中心线和垂直线，作为画其他线的基准。对于非对称零件，对板料加工来说至少要画出两个方向的基准线。
（2）根据施工图上的要求，对应基准线画其他线：
首先，按照基本几何作图法画出各部位的圆弧线。

其次，对应基准线，由近到远，画出各段直线。在截取线段时，必须从画出的基准线有关部位开始截取，不能脱离基准线另画线段。

最后，按施工图的要求和钣金放样要求，完成所有线条的画线。

（3）在放样图的重要部位打样冲眼。打样冲眼时需注意的事项如下：

一是直线少打，但两端部位必须打上；

二是曲线多打，要反映出曲线特征；

三是重要线间的交点必须打上；

四是圆心部位必须打上。

至此，放样图全部工作完成。

8．举例

作如图 5-49 所示的正圆锥台的施工图、放样图（不考虑板厚）。

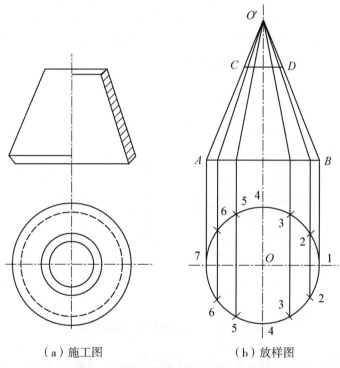

（a）施工图　　　　　（b）放样图

图 5-49　正圆锥台的施工图、放样图

（1）根据设计尺寸（施工图）外形，画出中心轴线，再画出中心轴线垂直的底边线。

（2）在中心轴线上取圆心 O，以锥台底边为半径画出平面图（即俯视图）。

（3）在锥台底边上，以中心轴线交点为对称点，画出底边 AB 等于施工图底边。

（4）画出与底面平行线距离等于施工图立面图的高度。

（5）在平行线上截取与中心轴对称线的线段 CD 等于施工图上口宽度。

（6）连接 AC、BD 即为圆锥台立面图。

（7）把平面图的圆周 12 等分，画出等分点。

(8) 延长 AC、BD 交于 O' 点。

(9) 在立面图上画出与 12 等分点相对应的素线。

至此，依施工图画的正圆锥台放样图完成。

三、线段实长的求法

钣金作业放样和展开时，展开图所表现的就是钣金件表面铺平后的实际形状尺寸图。求得各表面的实形的前提是求得构成表面的各线段的实长。在各种形体中，只有平行于投影面的线段能够反映实长，其他位置的线段则不行。因此，必须通过作图法或计算法来得到线段实长。一般线段实长求法有作图法中的直角三角形法、直角梯形法、旋转法和更换投影面法等。这里将对常用的直角三角形法、直角梯形法和旋转法进行讲解。

1. 直角三角形法

直角三角形法就是作一个直角三角形，使这个直角三角形的一个直角边等于空间直线在某个视图中的边长，另一条直角边为该直线段在另一个视图中的空间距离（高度差），则斜边即为空间直线的实长。如图 5-50 所示，用直角三角形法求线段实长：已知空间线段 BC，其两面投影为 bc 和 $b'c'$，求线段 BC 的实长。

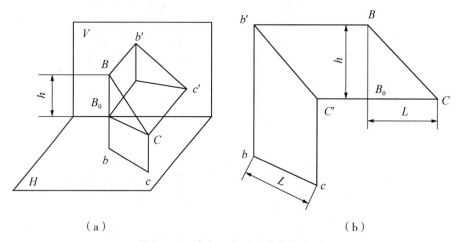

图 5-50　直角三角形法求线段实长

由于 BC 倾斜于两投影面，所以，其投影 bc 和 $b'c'$ 均不反映实长。这时作一辅助线 B_0C 平行于 bc，得直角三角形 BB_0C。

在直角三角形 BB_0C 中，只要知道两个直角边 BB_0 和 B_0C，就可求出斜边 BC。因 B_0C 等于 bc，可以从水平投影中量得。又因 BB_0 等于 B 点和 B_0 点的高度差 h，可以从正投影中作图求得。因此，求 BC 实长的作图步骤为：

(1) 作一直角三角形，令 $L = bc$ 为一直角边；

(2) 使 bc 的竖向距离（高度差）h 为另一直角边；

(3) 斜边即为线段 BC 的实长。

2. 直角梯形法

直角梯形法就是以空间直线段在某个视图中的投影长为直角梯形的一个腰,以空间直线段在另一个视图中的投影两端点到水平轴的垂直距离分别为直角梯形的两个底,则另一个腰即为空间直线实长。

如图 5-51 所示,已知空间一般位置线段 AB 和两投影 ab、$a'b'$,求空间线段 AB 的实长。

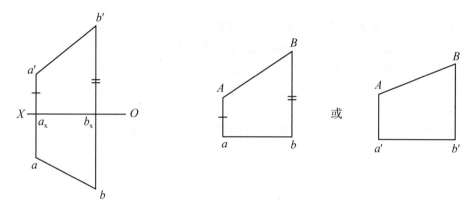

图 5-51 直角梯形法求线段实长

作图步骤如下:

(1) 作一直线段,使其长等于 ab。

(2) 过 a、b 分别作 ab 的垂线,使其长度分别等于 $a'a_x$ 和 $b'b_x$。

(3) 连接梯形两端点,即为 AB 实长。

3. 旋转法

旋转法就是保持投影面不变,使倾斜直线绕垂直于某一投影面的直线为轴,旋转成与投影面相平行的直线,则直线在与其平行的投影面上的投影就反映它的实长。

如图 5-52 所示为用旋转法求线段实长。已知空间直线段 AB 的两投影 ab 和 $a'b'$,求 AB 实长。

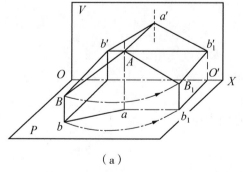 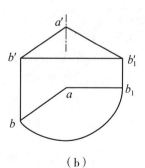

(a)　　　　　　　　　　　　　　(b)

图 5-52 用旋转法求线段实长

(1) 以 a 为圆心，把 ab 旋转到与投影面平行的位置 ab_1。过 b_1 作的 OX 轴的垂线 b'_1O'。

(2) 过 b' 作与 X 轴的平行线 $b'b'_1$，与过 O' 所作的 OX 轴的垂直线 b'_1O' 交于 b'_1。

(3) 连接 $a'b'_1$，即为 AB 实长。

四、平面实形的求法

1. 概述

作钣金制件的展开图，求作平面实形是关键。根据平面投影特性，只有平面平行于投影面时，投影才能反映其实形；平面倾斜于投影面，其投影为类似形，不反映平面的实形。若根据投影图作平面实形，应先求出组成平面形各边的实长，再根据几何作图方法作出平面形的实形。

2. 举例

已知如图 5-53（a）所示的 $\triangle ABC$ 的两面投影，求作 $\triangle ABC$ 的实形。

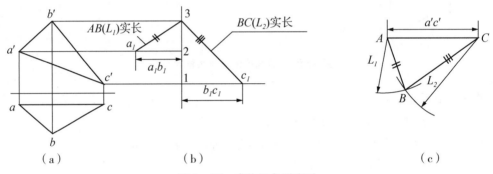

图 5-53 求作三角形实形

分析：从两面投影 $\triangle abc$ 与 $\triangle a'b'c'$ 对应关系中，判断 $\triangle ABC$ 为一般位置平面，两个投影都不反映实形。从 ac 对应 $a'c'$，AC 为正平线，$a'c'$ 为三角形 AC 边的实长，其他两边为斜线对应斜线（ab 对应 $a'b'$，bc 对应 $b'c'$），判断 AB 和 BC 两边为一般位置直线，两面投影都不反映实长，要求得其实长应用直角三角形法作图。有了三个边的实长，便能作出三角形的实形。

作图〔图 5-53（b）、（c）〕步骤：

(1) 作垂直线，再从正面投影 a'、b'、c' 引水平直线相交于点 1、2、3。

(2) 分别在两条水平直线上截取 $a_1b_1 = ab$，$b_1c_1 = bc$，得点 a_1、c_1。

(3) 连接 $3a_1$、$3c_1$，得 $3a_1 = AB$、$3c_1 = BC$。

(4) 根据已知三角形三个边长，作 $\triangle ABC$ 的实形。

五、可展表面与不可展表面

要制作一个钣金件，首先必须在放样图的基础上将其表面展开，由此才能根据展开图下料制作。展开，是指将组成该零件的表面平铺在同一个平面内，平铺原则是不遗漏、不重叠、不折皱。掌握展开图的作图方法和作图规律，是钣金工作的重要技能。展开图就是在展开过程中所画出来的构件表面实形图，它成为钣金下料工艺的依据。

钣金零件的表面形状通常较为复杂，从外形表面特征来分，有平面、曲面和曲面平面相结合的形体。通过对几何形状的分析，我们可以弄清在钣金展开放样中，究竟哪些形体是可以展开的表面，哪些形体是不可展开的表面。

1. 几何形状分析

在实际操作中，总会遇到各种各样的钣金件，这些构件虽然看起来形态各异，但都可以被归纳成各种各样简单几何体的组合。想要掌握放样、展开及下料的方法，首先要了解各种几何体的特性和投影规律。

几何体一般分平面立体（图5-54）和曲面立体（图5-55）两种。钣金制品中，几乎所有构件都是这两种几何体的组合。

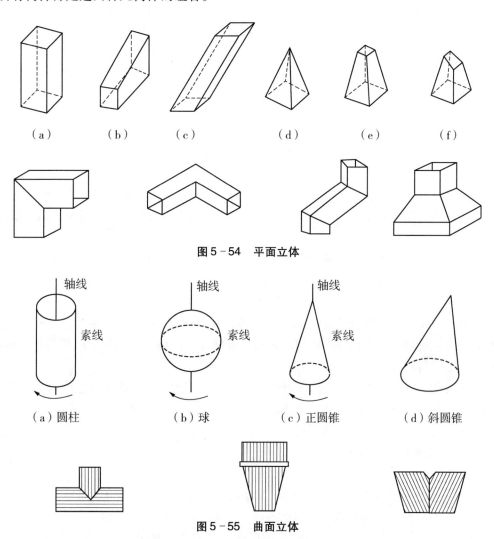

图5-54 平面立体

图5-55 曲面立体

2. 平面立体

平面立体分为棱柱体、棱锥体和多面体。

（1）棱柱体。棱柱体的棱柱线彼此平行，有三棱柱、四棱柱及不同的多棱柱体。

（2）棱锥体（图5-56）。棱锥体的棱面交于一点，它们分为三棱锥、四棱锥以及不同的多棱锥。

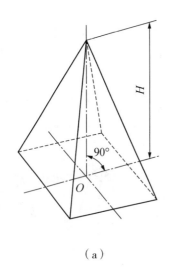
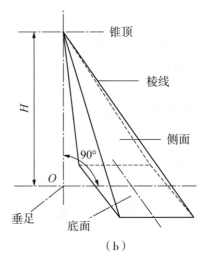

（a）　　　　　　　　　　　　（b）

图 5-56　棱椎体

（3）多面体。有些多面体也是由4个梯形平面所组成。从表面上看是四棱锥，但若把它的4根棱柱延伸，并不能交于一点，得不到一个共同的锥顶。这种形体不属于棱锥体范畴，只能叫作多面体。

综上所述，棱柱体、棱锥体及多面体虽然形体各异，但有一个共同点，即它们的表面全部是两条直线所包容，即都是直线的轨迹。

3. 曲面立体

在曲面体中，有一部分是旋转体。由一条母线（素线——直线或曲线）绕一固定轴线旋转，形成旋转体。旋转体外侧的表面称为旋转面。圆柱、正圆柱、球等都是旋转体，其表面都是旋转面。

如圆柱体是一条直线（母线）围绕着一条直线，始终保持平行和等距离旋转而成；正圆锥体是一条直线（母线）与轴线相交，始终保持一定的夹角旋转而成；球体则是一条半圆弧的母线，以直径为轴线旋转而成。

4. 可展表面与不可展表面

从钣金件的几何形体分析可以得出如下结论：

（1）钣金件中所有形体，包括复杂形体都是由一个或几个基本几何形体构成的。

（2）所有钣金件的形体都是由直线或曲线线条的运动轨迹形成的。

（3）凡直线的旋转或直线运动的轨迹形成的几何体及其组合，均是可展开表面。这些形体包括：棱柱体及其组合、棱锥体及其组合、多面体及其组合、圆锥体（包括斜圆锥体）及其组合，以及这些形体中的相互组合，均为可展开表面。

（4）凡是曲线旋转或曲线扭转运动轨迹形成的几何形体均是不可展开表面。这些不可展开形体包括球面、卵形面、椭圆球面、螺旋抛物面等各种异型曲面体。尽管这些形体不能展开，但在钣金件中又会不时地遇到，所以对这些形体可以采用近似展开的方法。

六、平行线展开法

若形体表面是由一组互相平行的直素线构成，如棱柱面或圆柱面，其表面的展开可以采用平行线法。

1. 平行线展开法原理

假如形体表面是由无数条彼此平行的直素线构成，那么其相邻的两条素线及其上下端曲线所围成的微小面积，就可被看作是梯形或长方形；如果分成的面积较多，各小平面面积之和就等于形体的表面面积。当把小平面面积根据原本的分割顺序与上下位置不遗漏、不重叠地铺开来时，就是将形体的表面展开了。因为素线在摊平前是互相平行的，所以铺平后依旧互相平行。作图时可充分利用这一特性，只需求得这些素线之间的距离以及它们各自的长短，即可完成展开图，这种绘制展开图的方法被称为平行线法。

2. 用平行线法作直立四棱柱的展开图

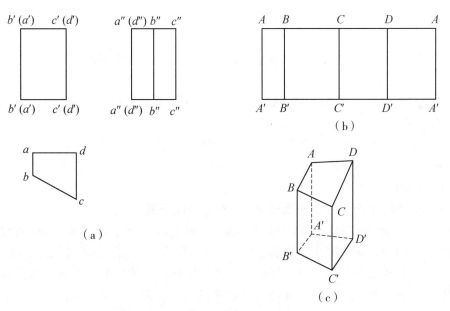

图 5-57 用平行线法作直立四棱柱的展开图

如图 5-57 所示，从放样图可以看出，直立四棱柱 4 条棱边均是垂线，长度相等，上下底面互相平行，仅 4 个立面的宽度不同而已，所以，展开图上下边必定是一条直线。作图步骤如下：

（1）在上下底正面投影延长线上的适当位置依次截取长度 $AB = ab$、$BC = bc$、$CD = cd$、$DA = da$，得到线段 AB、BC、CD、DA，即四棱面上下棱边实长。

(2) 过 A、B、C、D 各点作延长线的垂线分别与另一底边相交，得 AA′、BB′、CC′、DD′、AA′，即可得到直立四棱柱的展开图。

3. 用平行线法作斜口直立四棱柱的展开图

分析：图 5-58 (a) 所示斜口直立四棱柱的前、后侧面为梯形正平面，正面投影为实形；左、右侧面为矩形侧平面，侧面投影为实形（图中未作出）。图 5-58 (b) 上面是主视图，下面是俯视图。画展开图时，即把四棱柱的实形依次画出。由于四条侧棱都是铅垂线，正面投影反映实长；底面四边形各边是水平线，水平投影为实长。因棱线和底面垂直，展开后各侧棱必垂直对应的底边。

作图过程如图 5-58 (c) 所示。

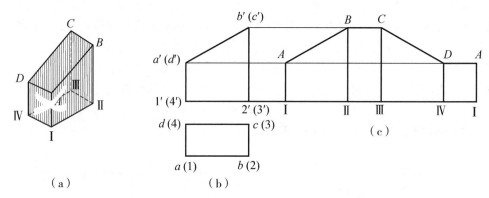

图 5-58 斜口直立四棱柱及其主、俯视图，展开图

(1) 过底面作一水平线（底边线），并依次截取 ⅠⅡ =（1）(2)、ⅡⅢ =（2）(3)、ⅢⅣ =（3）(4)、ⅣⅤ =（4）(1)。

(2) 过点Ⅰ、Ⅱ、Ⅲ、Ⅳ、Ⅰ作垂线，截取各棱线实长（ⅠA = 1′a′、ⅡB = 2′b′……或由主视图引底边线的平行线（水平线），得点 A、B、C、D、A。

(3) 按顺序把 A、B……各点连线，得斜口直立棱柱展开图。

4. 用平行线法作已知主、俯视图斜口四棱柱的展开图

分析：从图 5-59 中可看出，斜四棱柱的 4 条棱线Ⅰ、Ⅱ、Ⅲ、Ⅳ正面投影为实长；上、下底面平行于 H 面，底面各边是水平线，水平投影为实长。但因棱线与底面不垂直，因此，不宜直接作展开图。这时，假设在适当位置作一与棱柱的侧棱垂直的正垂面 P，其正面投影积聚一直线 P_V。用换面法将棱线变换成新投影面的垂直线，并求出正垂面 P 与斜四棱柱的截断面实形（四边形 $a_1b_1c_1d_1$）。四边形的各边与棱线垂直，可把斜四棱柱视为两节斜口直立四棱柱（与图 5-58 相同），从而可用该图示方法作图。

作图，如图 5-59 (b)、(c) 所示：

(1) 作正垂面 P 的正面投影积聚斜线 P_V，及定出各棱线与 P 面交点 a′、b′、c′和 d′。再求得水平投影 a、b、c 和 d，若顺序连线，得截断面四边形各顶点 a、b、c、d 的水平投影。

(2) 运用换面法（用与侧棱垂直新投影 P 面代替 H 面，图中无法画出新投影轴），求

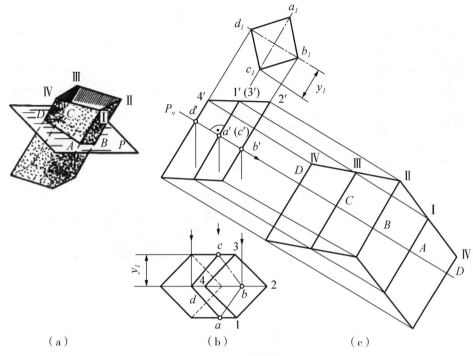

图 5-59 斜口四棱柱的展开图

得点 a_1、b_1 和 c_1、d_1，并顺序连线得 $a_1b_1c_1d_1$ 四边形，它是截断面 ABCD 的新投影，各边反映相邻棱线的间距。

(3) 用图 5-59 所示作图方法画出 4 个棱面的展开图。先把 P_v 斜线延长，并截取 $DC = d_1c_1$、$CB = c_1b_1$……得点 D、C、B、A、D；分别过这些点作垂线，并在各垂线上截取相应棱线的实长，如 $D\text{Ⅳ} = d'4'$，$C\text{Ⅲ} = c'3'$……或过棱线的端点 $1'$、$2'$、$3'$、$4'$ 引 P_v 的平行线与相应棱线相交，得点 Ⅰ、Ⅱ……把各点顺序连接，得斜四棱柱的展开图。

5. 用平行线法作圆柱管展开图

圆柱面可看成内切正棱柱的底面边数无限增多而形成。圆柱面上各素线互相平行，因此，圆柱面展开也可用平行线法，并按直棱柱面展开方法作图。直圆柱的展开图为一矩形，底边的长度等于圆柱管的圆周长 πD，高为圆柱管的高度。如图 5-60 所示。

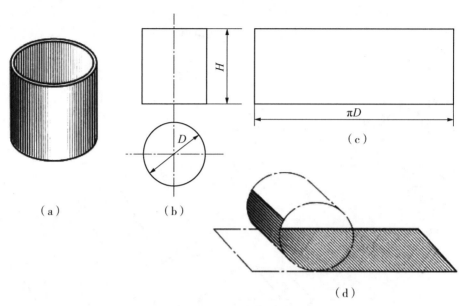

图 5-60 圆柱管展开图

6. 用平行线法作已知主、俯视图斜口直圆柱的展开图

分析：如图 5-61 所示，斜口直圆柱管是直圆柱管被正垂面斜截而形成的。截平面与圆柱面的截交线为椭圆线，圆柱面上素线长短不一，由于圆柱轴线垂直 H 面，各素线的正面投影为实长。画展开图时，底圆展成直线，过直线上各等分点作垂线（素线），并截取素线上相应长度得其端点，并连成光滑曲线。

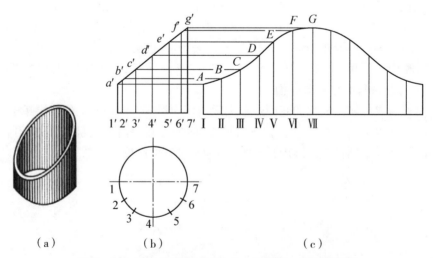

图 5-61 已知斜口直圆柱的主、俯视图，求作展开图

作图，如图 5-61（b）、（c）所示：

（1）把俯视图圆周等分为 12 等分（等分越多越准确），过各等点找出主视图上相应

素线 $1'a'$、$2'b'$……

（2）将圆周展成直线，截取相应 12 等分弧长，近似作图以弦长代替弧长 $ⅠⅡ=12$、$ⅡⅢ=23$……得等分点 $Ⅰ$、$Ⅱ$、$Ⅲ$……过各点作垂线，并在垂线上截取相应素线等长的线段 $ⅠA=1'a'$、$ⅡB=2'b'$……（或过主视图上点 $a'b'$……引水平线与相应素线相交），得各素线端点 A、B……

（3）过各素线的端点 A、B、C……顺序连成光滑曲线，即得所求，如图 5-61（c）所示。应当指出，用弦长代替弧长作出的展开图，其底边长度缩小，会产生一定误差，是一种近似作图。由于钣金制件有的要求不准确，用这种方法可达到要求，作图简便，所以较为常用。有时为了把误差控制在一定范围内，提高制件精确度，可增加圆周等分数，缩小素线之间的误差。若还需更为准确作图，则应先计算出圆周长 $πD$ 的尺寸作直线，再进行等分，这样作出的展开图较为准确。

7. 用平行线法作已知两端斜口直圆柱的主、俯视图的展开图

分析：如图 5-62 所示，从图中可知两端斜口圆柱的轴线是正平线，圆柱面素线正面投影为实长，但它们均不与端面（底面）垂直，所以采用图 5-62 所示方法作图。

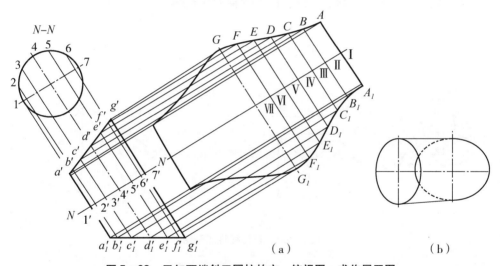

图 5-62 已知两端斜口圆柱的主、俯视图，求作展开图

作图：

（1）在主视图的对称位置作 $N-N$ 线（正垂面 N 的积聚投影）垂直轴线，并用换面法求得截面圆的实形，在该圆周上等分（12 等分）得点 1、2……

（2）过等分点作斜圆面素线 $11'$、$22'$……得素线端点 a'、b'……

（3）将正截面圆周展成直线（即 $N-N$ 延长线），用 12（代替 12 弧）在该直线截出点 $Ⅰ$、$Ⅱ$……

（4）过各点 $Ⅰ$、$Ⅱ$、$Ⅲ$……作 $N-N$ 线的垂线，由主视图的两端斜口素线端点 a'、a_1'、b'、b_1' 引 $N-N$ 平行线，分别与相应垂线的交点 A、A_1、B、B_1……

（5）把点 A、B……及点 A_1、B_1……顺序连成曲线，即得所求。

七、放射线展开法

利用棱线或素线汇交于一点的作图法被称为放射线法。如果钣金制件的侧面是由棱锥面或圆锥面构成，那么这种结构的表面也是可展表面。因为棱锥面与圆锥面上的棱线和素线相交于锥顶，如果沿制件表面的棱线或素线剪开，再把各棱线和各素线绕着锥顶摊平于一个平面，那么所得表面展开的各棱线和各素线依旧汇交于一点，画出的展开图上各棱线和各素线同样汇交于一点。

1. 放射线展开法原理

展开时，可以将锥体表面上任意相邻的两条素线或棱线以及它们所夹的底边线看作是一个近似的平面三角形。如果各小三角形的底边足够短，那么小三角形面积之和就等于原来形体的表面积。如果将所有的小三角形一次性铺开成一平面，那么原来的形体表面也就被展开了。作展开图的关键在于，确定这些素线或棱线的长度，以及相邻素线或棱线之间的夹角，或者利用两条素线或棱线所夹的底边线实长来确定，通过三角形底边线两点间距离来确定其夹角。

2. 用放射线展开法作已知主、俯视图棱锥管的展开图

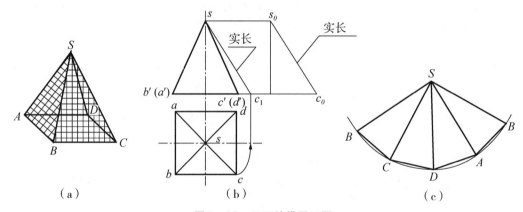

图 5-63 正四棱锥展开图

分析：从图 5-63 中可知，正四棱锥的侧面是由 4 个全等的等腰三角形所围成，左右侧面是正垂面，前、后侧面为侧垂面，在主、俯视图找不到实形。画展开图依次作出 4 个等腰三角形的实形。底面正四边形边是水平线，水平投影为实长；4 个侧棱相等并汇交于一点 S，是一般位置线。主、俯视图找不到实长，因此，求作其展开图，关键要求得棱线的实长。

作图，如图 5-63（b）、（c）所示：

（1）用旋转法或直角三角形法求棱线的实长。用 SC 旋转得 S_0C_1 投影或 SC 为底边作直角三角形得 S_0C_0，S_0C_0 = 棱线实长。

（2）以 S 为圆心，棱线长 $S_0C_1 = S_0C_0$ 为半径画圆弧，并以底边的实长在圆弧上截取点 B、C、D、A、B。

（3）把各点 B、C……顺序连线，并分别与 S 点连线，得 4 个全等的等腰三角形，为正四棱锥管展开图。

3. 用放射线展开法作已知主、俯视图斜口直四棱锥管的展开图

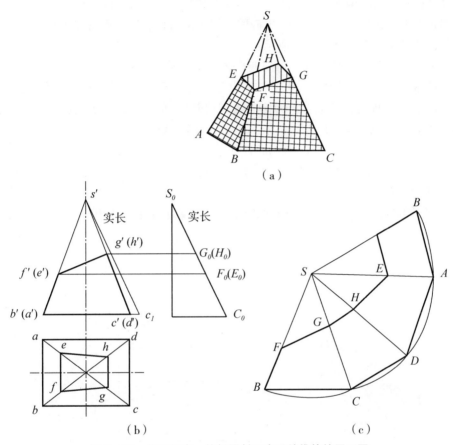

图 5-64　作已知主、俯视图斜口直四棱锥管的展开图

分析：如图 5-64 所示，斜口直四棱锥管可看成直四棱锥被正垂面截切而成，其侧面是由两个等腰梯形和两个梯形所围成，画展开图即依次画出这 4 个梯形的实形。

作图，如图 5-64 所示：

（1）按图 5-63 方法作完整四棱锥展开图（底面对应边相等）。

（2）在主视图上定出斜口面与棱线相交点 f'（e'）、g'（h'），引水平线与斜线 $S'C_1$ 或 S_0C_0 相交，得 4 个梯形面上棱线的实长（C_0F_0、C_0G_0……）。

（3）在四棱锥展开图上的棱线上取 $BF = C_0F_0$、$CG = C_0G_0$……得斜口棱线端点 F、G……

（4）按顺序连接这些点，即得所求。

4. 用放射线展开法作已知主、俯视图斜漏斗的展开图

分析：如图 5-65（a）、（b）所示，斜漏斗是平口斜四棱锥。从图中可看出左右侧面是两个等腰梯形，前后侧面是两个前后对称相等的梯形。作展开图应依次作出这 4 个面的实形：即先作斜四棱锥展开图，然后再截取各棱线的有效长度，即可作出其展开图。

作图，如图 5-65（b）、（c）所示：

（1）延长主、俯视图轮廓线，得斜四棱锥顶点 S 的投影 s'、s。

（2）底面四边的水平投影 ab 为实长。由于对称关系，只需用旋转法求作棱线 SA、SB 的实长 $s'a'_1$、$s'b'_1$ 即可；若取 I II 为接缝线（剪开），$(1')(2')$ 为实长。

（3）以 S 为顶点，分别用已知长依次作出 $\triangle SIA$、$\triangle SAB$……

（4）求作棱线有效长度 $a'_1 d_1$、$b'_1 c'$……

（5）在 SI 上截取接缝线 $I\,II = (1')(2')$；在棱线 SA 上截取 $AD = a'_1 d_1$；在棱线 SB 上截取 $BC = b'_1 c'$……

（6）将所得各点 II、D、C、III 顺序连线，即得漏斗前半部展开图，后半部展开图形状与之相同。

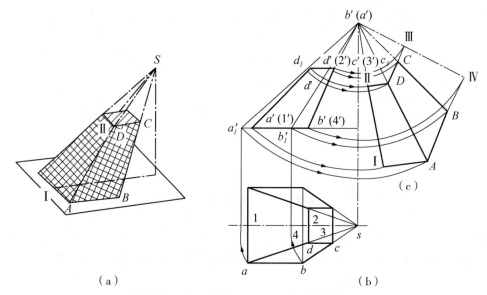

图 5-65 作已知主、俯视图斜漏斗的展开图

5. 用放射线展开法作圆锥管的展开图

分析：如图 5-66（a）所示，圆锥素线汇交于锥顶，其锥面的展开图为扇形。扇形半径等于圆锥母线的长度 R，扇形的圆弧长等于圆锥底圆的周长 πd（d 为底圆直径），扇形的角度 $\alpha = 180°d/R$。圆锥面也可看成正棱锥面底面的边数无限增多而形成的。圆锥面的展开变成棱锥面的展开，即可用放射法作图。用这种方法作图虽有一定误差，但钣金制件在误差允许范围内可通过增加圆周等分数来解决。

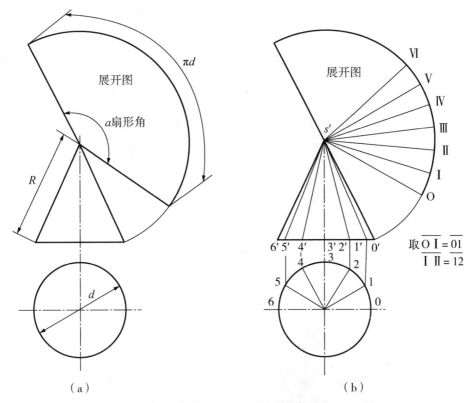

图 5-66 用放射线展开法作圆锥管的展开图

作图,如图 5-66(b)所示:

(1)把俯视图的圆周分为 12 等分,通过等分点在主视图上作出对应素线。

(2)以顶点 s' 为圆心,用圆锥(素线)为半径画圆弧,自点 O 开始用圆周弦长代替弧长,在圆弧上截取 $O\,\mathrm{I} = 01$,$\mathrm{I}\,\mathrm{II} = 12$……得点 I、II……分别与 s' 相连,得到圆锥面近似展开图(图中只标出一半)。

6. 用放射线展开法作已知主、俯视图斜口圆锥管的展开图

分析:从图 5-67 中知,斜口圆锥管是圆锥被正垂面斜截去顶部而形成的。斜口形状为椭圆,正面投影积聚为一斜线。它的展开按完整圆锥展开成扇形后,再用有效素线实长在对应素线上截取各点,并连成光滑曲线,即得所求。

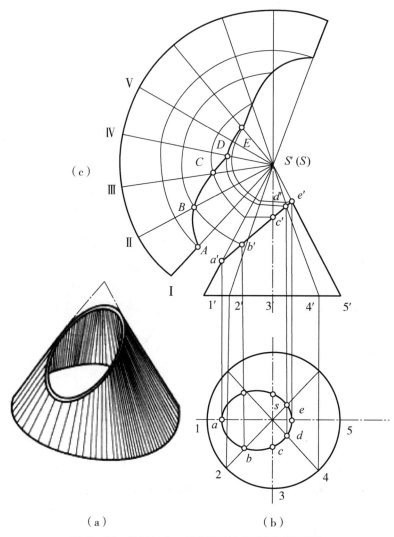

图 5-67 作已知主、俯视图斜口圆锥管的展开图

作图，如图 5-67（b）所示：

（1）按图 5-66 所示方法画出完整圆锥面的展开图。

（2）在俯视图的圆周上等分 8 等分点 1、2……在主视图画出 8 条对应素线，得素线与斜口交点 a'、b'……用旋转法（过这些点引水平线与圆锥面最左素线 $s'1'$ 的交点）求出这些点在素线各自实际位置，即把同一条素线分为上、下两段实长。

（3）以 S 为圆心，Sa'……为半径画弧，在展开图上与各自素线交点 A、B……

（4）把点 A、B、C……各点连成光滑曲线，即得斜口圆锥管展开图。

7. 用放射线展开法作上平口、下曲口圆锥管的展开图

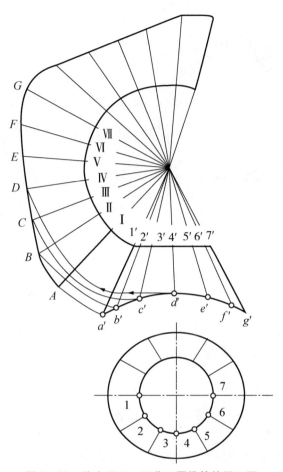

图 5-68　作上平口、下曲口圆锥管的展开图

如图 5-68 所示，从主、俯视图可知，上平口与圆锥轴线垂直，在上平口以上部分为正圆锥面，平口的水平投影为实形（圆）；下曲口为曲面，水平投影为曲线。作其展开图可分两步：

第一步，按图 5-66 所示方法，把上平口以上当成完整圆锥面展开成扇形。

第二步，把展开图上各素线延长，同时用旋转法在主视图上求得实体部分各素线有效实长后，在展开图上截取相应长度，得点 A、B……并连成光滑曲线，即得所求。

8. **用放射线展开法作斜椭圆锥的展开图**

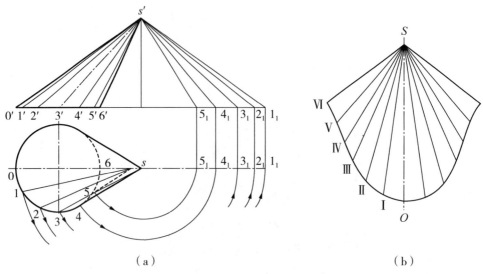

图 5-69　放射线展开法作斜椭圆锥的展开图

分析：斜椭圆锥的主视图、俯视图如图 5-69（a）所示，其正截面是椭圆。作其展开图时，可按图 5-65 所示斜棱锥来展开。由于斜椭圆锥面上的素线不等，应分别求出它们的实长。

作图：

（1）将俯视图上圆周分为 12 等分，并画出各素线的两面投影（图中前、后对称，只画前半部的投影）。

（2）用旋转法求出各素线的实长 $s'1_1$、$s'2_1$、$s'3_1$……

（3）如图 5-69（b）所示，用素线 $s'0'$、$s'1_1$ 以及底圆等分点之间的弦长作第一个 ΔSOI，用同法依次作出其他的 11 个三角形。

（4）把三角形底边各顶点顺序连成光滑曲线，得斜椭圆锥表面展开图。

9. **用放射线展开法作平口斜椭圆锥管展开图**

如图 5-70 所示，平口斜椭圆锥管可看成斜椭圆锥截切去锥顶部分而成，应先按图 5-69 所示方法求作完整斜椭圆锥表面展开图。用旋转法求得平口斜椭圆锥管各素线的有效长度，即以 s' 为圆心，分别把所截部分的素线实长转到展开图上对应素线上，得各点并顺序连成光滑曲线，得所求。

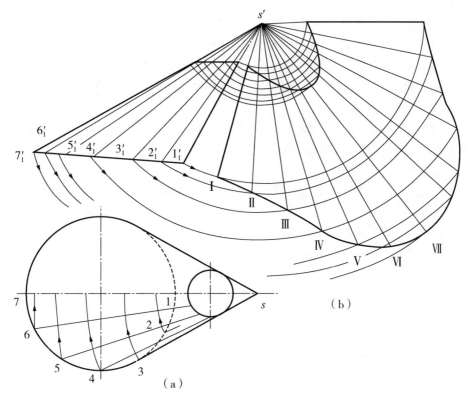

图 5-70 放射线展开法作平口斜椭圆锥管展开图

10. 放射线展开法小结

放射线展开法是很重要的一种展开方法。它应用于所有锥体及锥截管件或构件的侧面展开。尽管锥体表面各种各样,但展开方法却大同小异,作法可归纳如下:

(1) 在二视图中(或只在某一视图中)通过延长投影边等手段完成整个锥体的放样图。

(2) 通过等分断面周长(或任意分割断面全长)的方法,作出各分点所对应的断面素线(包括棱锥侧棱以及侧面上过锥顶点的直线),将锥面分割成若干小三角形。

(3) 应用求实长的方法(常用旋转法、直角三角形法),把所有不反映实长的素线,与作展开图有关的直线的实长一个不漏地求出来。

(4) 以实长为准,利用交轨法(正锥体可用扇形法)作出整个锥体侧面的展开图,同时作出全部放射线。

(5) 在整个锥体侧面展开图的基础上,以放射线为骨架,以有关实长为准,再画出锥体截切部分所在曲线的展开曲线,完成全部展开图。

八、三角形展开法

运用三角形作图原理求作展开图方法,被称为三角形法或三角线法。

对于可展曲面而言,由于整个曲面都是可展开的,所以分成每一部分也都是可展的。

有些钣金件的表面是由平面、柱面、锥面的全体或若干曲面组合而成的无规律形状表面，其皆为各种可展表面的部分表面所组成，所以这些部分所构成的整体也一定是可展的。

钣金制件上，当部分表面、平面或曲面无法用平行线或放射线法直接求作展开图时，就将这种表面划分成若干三角形平面或三角形曲面，求得三角形各边的实长后，再由已求得的三角形边长依次拼画出各个三角形，由此作出制件的表面展开图。

1. 三角形法展开原理

如果形体的表面是由数个平面与曲面、曲面与曲面、平面与平面构成，那么就可以把表面划分成若干小三角形，再将这些小三角形依照原来的位置与顺序铺平开来。这样一来，形体表面就被展开了。

三角形法虽然可用于任何形体，然而该办法较为繁琐，因此只有当实际操作的过程中发现采用三角形法比采用平行线法或放射线法更简单时，才采用它。假如形体表面无平行的素线或棱线，因而无法用平行线展开法，又因没有集中所有素线或棱线的顶点而无法用放射线法展开时，才采用三角形法作展开图。

2. 三角形展开法作上、下方口错位漏斗的展开图

从图5-71中可知，上、下口皆为正方形，且位置偏错45°，整个侧面是4个等腰三角形所构成。上、下口皆为水平面，水平投影的正方形是实形，各边a、b是实长，8条侧棱相等，为一般位置直线。假如将ⅠⅡ作为接缝边，那么，展开图将有9个首尾为直角的三角形。根据其对称性，只需求作其中3个三角形的实形即可。接缝线ⅠⅡ是正平线，正面投影1'2'为实长（n），等腰三角形的腰长可通过旋转法求得。

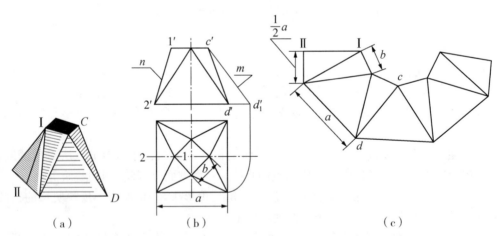

图5-71　作上、下方口错位45°漏斗的展开图

作图步骤：

（1）用旋转法求作三角形中一条腰长的实长，如以 c 为圆心，过点 d 画圆弧求得 $c'd'_1$，$c'd'_1$ 为腰长 m 的实长。

（2）分别用 a、b、m、n 为边长，依次作出各个相邻三角形，即得其展开图。由于梯形高和底边垂直，所以ⅠⅡ垂直平分底边，根据直角三角形已知两个直角边长（即 $a/2$ 和 n）便可作出的原理，斜边 m 为等腰梯形两腰的实长，所以不需用旋转法求腰长的

实长。

3. 用三角形展开法作汽车引擎盖的展开图

汽车引擎盖是一块左右对称、上下两端形状不同的曲面，如图5－72（a）所示，这样的曲面只能用三角形法展开。把曲面分成若干个小三角形，求出各小三角形的实长，就能作出展开图。

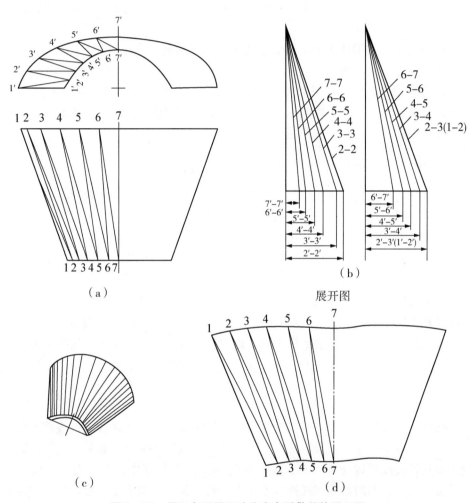

图5－72 用三角形展开法作汽车引擎盖的展开图

作图步骤：

（1）将主视图中大端的曲线分成若干段（图中为6份），各份可以相等也可以不等，为了作图方便一般作等分，由于曲面左右对称，所以只要画一半即可。

（2）把小端的半圆曲线也分成相应的份数，得 $1'$、$2'$、$3'$、$4'$、$5'$、$6'$、$7'$ 各点。把各对应点连成直线，再对角相连，即得到许多小三角形。

（3）按投影关系在俯视图中作出各连线的投影，这样把曲面分成许多小三角形。根据主、俯两投影直角三角形法求出各线的实长，如图5－72（b）所示。

(4) 以7-7线作为基准线（图形左右对称），向两边用实长线作出各三角形的实形得展开图。

4. 三角形展开法小结

三角形展开法又叫回归线展开法，因为它略去了形体原来相邻素线间的平行、相交、异面关系，而用新的三角线来代替，因此对曲面来说是一种近似的展开法，这种方法不仅可用来展开可展曲面，还可以作不可展曲面的近似展开图。三角形展开构件表面的3个步骤为：

(1) 在放样图中将形体表面正确分割成若干小三角形。
(2) 求所有小三角形各边的实长。
(3) 以放样图中各小三角形的相邻位置为依据，用已知的或求出的实长为半径，通过交轨法，依次展开所有小三角形，最后将所得的交点视构件具体情况用曲线或用折线连接起来，由此得到所需构件的展开图。

九、三种展开方法展开各种可展表面的比较

平行线展开法、放射线展开法和三角形展开法作为制作钣金件的展开图的基本展开方法，是进行钣金件展开的重要原理。对一个刚拿到的钣金件视图，首先应当对构件进行形体分析，对构件表面的棱线和可利用素线进行分析，找到构件表面的主要特点，然后在三种方法中，选出最为适合的一种。为保证选择正确，就必须了解三种展开方法的关系及其应用范围。

1. 三种展开方法之间的关系

通过展开实例不难发现，三角线展开法可以展开所有可展形体的表面，而平行线展开法则仅用于展开素线相互平行的形体表面，放射线展开法只适用于展开素线交汇于一点的形体表面。因此，平行线展开法和放射线展开法可以被看作是三角形展开法的两种特殊情况。

2. 三种展开方法的适用范围

如果某一构件表面是由相互平行的素线和棱线构成，且这些素线和棱线都平行于某一投影面，在该投影中反映其实长，那么，采用平行线展开法为宜。如果某一构件表面的素线和棱线或其延长线可以交于一点，也就是说构件表面是锥体，则采用放射线展开法为宜。如果某一构件表面的素线和棱线既不相互平行，又没有交汇于一点，那么则应使用三角形展开法。

对于由多面所围成的构件，用一种方法无法完全展开时，则可同时使用两种方法。

三角形法还可用在不可展表面的近似展开，而平行线法和放射线法则不可。

十、样板的特点和作用

当生产批量大时，不可能逐件放样展开画线；当构件较大时，也不可能在一块板料上进行画线；当形状较复杂或引圆弧太大时，也难以在小块材料上进行画线作业。这就需要有一种合理的方法进行放样、展开。这时，最常用的方法就是制作样板。在钣金作业中，对于不适于单件放样展开的构件，按照放样展开规则画到适当的板面材料上，然后准确地

剪切校正后制作的标准形体展开板面，称为样板。

1. 样板的种类

样板的种类很多，按使用周期及用途分类如下：

（1）按使用周期分类，可分为：①单件使用样板，一般用纸质制成。②小批量使用样板，一般用胶板或普通金属材料制成。③大批量使用样板，一般用优质钢板，经合理热处理后制成，有时还需要进行表面处理。

（2）按用途分类，可分为生产用样板和检验用样板。

生产用样板包括：①画线样板，专供在板料上画线、排料使用。②下料样板，供生产中在下料时画线及比试裁料使用。③靠试样板，专供在构件生产中曲面或凸凹面成形使用，这种样板也可作检验用。④精密构件样板，制作精度较高，专供制作一些精密构件如精密凸轮等使用。⑤在钣金修理中还经常用实形样板，即先在纸上放样展开，然后紧铺在板料上画线或按线剪切后再行分解加工。

检验用样板可分为非标类样板和标准类样板。①非标类样板，包括：平面直线样板，供检验大型构件的平面用；形位样板，供检测构件各部位形状位置尺寸使用；外径尺寸样板，专供检验正圆柱、圆锥等旋转体外径用；内径尺寸样板，专供检验构件槽时使用。②国家标准类样板，包括：靠试样板，主要指检测平面平直度、垂直度的直尺、弯尺及刀口平尺等；中心样板，主要用来检测常用角度、刀样板等；螺纹样板，主要用来检测公、英制螺纹的螺距；圆弧样板，用来检测构件的圆弧连接部分，如外径规、内径规等；线规，主要用来检测各种标准线材直径。当然，严格地说，几种国家标准类样板实际均是靠试样板，均是用靠试的方法进行检测。

2. 样板的特点

（1）样板是钣金工放样展开工艺的结晶。它完全按照钣金工放样、展开的画线规则进行放样展开，然后按照展开图下料制作而成。

（2）样板具有通用性。它一旦制成，就成为钣金画线下料的依据，画线、下料的数量多数是一样的。

（3）样板具有准确性、标准性。它是构件展开的样板，画线下料后，构件是否合格，一般均应以样板为检测对比标准。

（4）样板还具有示范性。在批量生产之前，往往须通过制作样板来试验构件的成形情况，以判定板厚处理及成形中的意外变化因素。

3. 样板的用途

样板在钣金作业中占有很重要的地位，它的用途是不容置疑的。

（1）样板适用于大批量的钣金生产。在大批量生产中，使用样板画线可节省单件画线时间，省力省工。

（2）使用样板可以方便地在板料上合理排料。不但节省了放样展开时辅助画线的材料，而且排除了单件画线排料的不合理性和无数条线交错的混乱性，可节省大批原料。

（3）利用样板画线下料可以大幅度提高钣金件的质量，保证构件的一致性、通用性和互换性，易于实现构件的标准化，方便检测，减少质量问题的偶然性。

（4）利用样板试制构件，减少了批量生产中画线下料的盲目性，可及时根据构件的成形情况，发现存在的问题，准确无误后，再进行大批量生产。

4. 样板的使用方法

（1）使用样板必须要爱护样板，做到轻拿轻放，不得敲、打、挤、压。

（2）使用样板画线时，应将画针与样板边缘向外、向前构成30°的倾斜角，以使画线既符合按样板实形，又防止操作时画针颤动。

（3）使用样板检测时，不论选用哪种检测工具，均应把检测面与构件被检测部位贴紧，且必须保证检测样板整体与被检测面垂直。

（4）样板使用后应妥善保存，注意防锈、防腐、防变形。

（5）使用实形样板，应把纸板与板料摊平，避免因折皱变形引起下料不准。

5. 样板的制作方法

（1）按放样展开规则在样板材料上准确画线，画线后，删去不必要的线条或做好不必要线条的标记。

（2）用金属材料制作样板，应在展开线上打好中心冲眼。

（3）按照构件板厚要求和接口要求做好板厚处理，留好预加余量。

（4）按照画好的展开线条剪切裁料，对曲线部分特别注意避免过裁和裁伤。

（5）按一定的金属加工方法进行切削精加工，并随时检查加工形状尺寸。

（6）加工完后应进行严格检验，或进行构件试制，最后确认样板准确无误后，才能投入使用。

操作任务：制作展开图、放样图和样板

一、准备工作

根据工作台面积，可4名同学共用1个工作平台。学生每4人准备钣金锤1套、量具1套、画线工具1套、木锤及橡皮锤各1把、錾口锤1把、厚度为1 mm薄钢板。实训场地准备剪板设备2套。

二、求作展开与放样图

作图方法与步骤如图5-73所示：

（1）在天圆地方的水平投影（即俯视图）上，将顶圆的每1/4周长分为3等分，得点1、2、3、4，并求出其正面投影1′、2′、3′、4′，再将它们与A点的同面投影连线，得到椭圆锥面的四条素线AⅠ、AⅡ、AⅢ、AⅣ的两面投影，如图5-73（a）所示。

（2）取素线的水平投影和其正面投影两端点的z坐标差（即天圆地方的高）为两直角边作直角三角形，求出素线的实长为AⅠ、AⅡ、AⅢ、AⅣ，且AⅡ=AⅢ，AⅠ=AⅣ，同为等腰三角形腰的实长；用同样方法求得等腰三角形高的实长EⅠ，如图5-73（a）所示。

（3）作等腰三角形ABⅣ的实形：取AB=ab，分别以A、B点为圆心，以腰长AⅣ为半径作圆弧得到交点Ⅳ，ΔABⅣ为实形，如图5-73（b）所示。

（4）作锥体的展开图：分别以Ⅳ、A点为圆心，以线段43、AⅡ为半径作圆弧得交

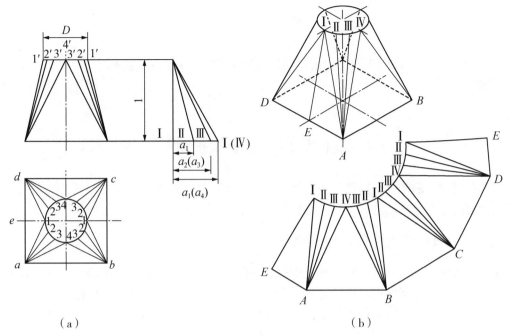

图 5-73 天圆地方的展开图

点Ⅲ，则 $\triangle A\,Ⅲ\,Ⅳ$ 为椭圆锥面 1/3 的展开图。用相同方法依次展开椭圆锥面的其余部分 $\triangle A\,Ⅱ\,Ⅲ$ 和 $\triangle A\,Ⅰ\,Ⅱ$。光滑连接Ⅰ、Ⅱ、Ⅲ、Ⅳ点，得到一个椭圆锥面的展开图，如图 5-73（b）所示。

(5) 以 A、Ⅰ为圆心，分别以 $1/2 AD$、$E\,Ⅰ$ 为半径作圆弧得到交点 E，则 $\triangle AE\,Ⅰ$ 为等腰三角形 AID 一半的实形，$E\,Ⅰ$ 为天圆地方展开图切口的结合边。

(6) 重复上述的作图步骤，依次作出天圆地方其余组成部分的实形和锥体的展开图，并且画在同一个平面内，从而得到整个天圆地方的展开图，如图 5-73（b）所示。

三、制作样板

根据展开图与放样图，采用 1 mm 厚钢板制作样板。
(1) 确定基准点、基准线。
(2) 冲孔、画线。
(3) 裁剪。

四、打磨修整

使用气动砂轮机打磨板件边缘以去除毛刺。

项目6　汽车钣金焊接与切割技术

任务1　气体保护焊

现在国内大部分汽车修理厂采用的是二氧化碳气体保护焊,焊机的焊丝送给和二氧化碳气体的输送都是自动进行的,沿焊缝施焊则采用手工操作。

一、二氧化碳气体保护焊的原理

二氧化碳作为保护气,使电弧及熔池与周围空气隔绝,防止空气中的氧、氮、氢对熔滴和熔池金属的有害作用,从而获得优良的机械保护性能。二氧化碳气体保护焊使用一根焊丝,焊丝以一定的速度自动进给,在板件和焊丝之间出现电弧,电弧产生的热量使焊丝和板件熔化,将板件熔合连接在一起,这就是二氧化碳气体保护焊的工作原理,如图6-1所示。

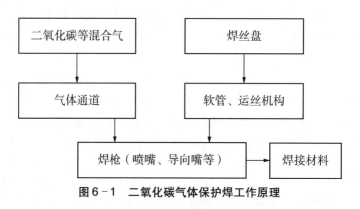

图6-1　二氧化碳气体保护焊工作原理

二、二氧化碳气体保护焊焊接工艺参数

1. 焊丝直径

选择焊丝的基本原则是保证焊缝金属与母材具有同等水平的性能。一般在焊接低碳钢和低合金高强度钢时,根据母材的抗拉强度选择相应等级的焊丝,焊接不锈钢时,选择相同化学成分的焊丝。

焊丝的直径以焊件厚度、焊接位置及质量要求为依据进行选择,参见表6-1。

表6-1 焊丝选择

焊丝直径/mm	熔滴过渡形式	焊件厚度/mm	焊接位置
0.5~0.8	短路过渡	1.0~2.5	全位置
	颗粒过渡	2.5~4.0	水平位置
1.0~1.4	短路过渡	2.0~8.0	全位置
	颗粒过渡	2.0~12	水平位置
1.6	短路过渡	3.0~12	水平、立、横、仰
>1.6	颗粒过渡	>6	水平位置

2. 焊接电流

要根据焊件厚度、坡口形状、焊接直径及操作时所需的熔滴过渡形式来选择焊接电流。焊接电流增加，则熔深随之增加，熔宽也稍有增加，由此加快焊丝的熔化速度，提升生产率。如果焊接电流过大，会导致飞溅增加，还可能引起烧穿和气孔等缺陷。如果焊接电流过小，电弧不稳定，则可能造成未焊透现象，且焊缝成型较差。

3. 焊接电压

主要根据焊接电流、焊丝直径等参数来确定。电弧电压必须与焊接电流配合恰当。当电弧电压增大时，则焊缝宽度相应增大，加强高和熔深减小；反之，当电弧电压减小时，则焊缝宽度相应减小，加强高和熔深增大。通常进行细丝焊接时电弧电压约为16~24 V，进行粗丝焊接时电弧电压约为25~26 V。

4. 焊接速度

根据焊接电流、电弧电压、焊缝截面尺寸等参数来选择。焊接速度过高时，气体保护效果容易遭到破坏，焊缝成形不良，还会使得焊缝因冷却太快而降低焊缝的塑性和韧性。焊接速度过慢，容易造成焊缝烧穿或形成较大的焊缝组织。通常焊接速度为30~60 cm/min。

5. 气体流量

二氧化碳气体流量应根据焊接电流、焊接速度、焊丝伸出长度及喷嘴直径选择。0.8mm焊丝气体流量约为9~15 L/min。常用二氧化碳气体保护焊的焊接参数可参见表6-2。

表6-2 常用二氧化碳气体保护焊的焊接参数

材料厚度/mm	焊丝直径/mm	焊接电流/A	电弧电压/V	气体流量/(L/min)
<1.2	0.6	30~50	18~19	6~7
1.5	0.7	60~80	19~20	6~7
2.0	0.8	80~100	20~21	7~8
2.5	0.8	80~100	20~21	7~8
3.0	0.8~1.0	90~115	21~23	8~10
4.0	0.8~1.0	90~115	21~23	8~10

三、二氧化碳气体保护焊的操作要领

1. 基本操作技术

（1）引弧。二氧化碳气体保护焊一般采用直接短路接触法引弧，引弧前应调节好焊丝的伸出长度，使焊丝端头与焊件保持 2～3 mm 的距离，选好适当的位置，起弧后要灵活掌握焊接速度，以免焊缝起弧处出现未焊透、气孔等缺陷。

（2）熄弧。在焊接结束时，不要突然断电，应在弧坑处稍做停留，然后慢慢地抬起焊枪，这样可使弧坑填满，并使熔池金属在未凝固前仍受到良好的保护。

（3）左焊法和右焊法。二氧化碳气体保护焊按焊枪的移动方向分为左焊法（从右往左焊接）和右焊法（从左往右焊接）。采用右焊法时，熔池能得到良好的保护，并且可以得到外型比较饱满的焊缝，但是焊接时不便观察，不易准确地把握焊接方向，容易焊偏，尤其在焊接对接接头时更为明显。采用左焊法时，电弧对焊件有预热作用，能得到较大的熔深，焊缝成型可以得到改善；虽然左焊法观察熔池也有些困难，但能清楚地看到待焊的位置，易把握焊接方向，不会焊偏，所以气体保护焊一般采用左焊法。左焊法如图 6-2 所示，右焊法如图 6-3 所示。

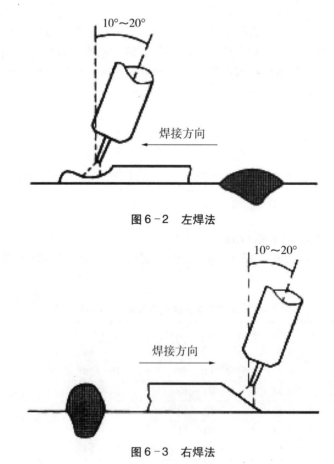

图 6-2 左焊法

图 6-3 右焊法

(4)运丝方式。运丝方式有直线移动法和横向摆动法。直线移动法即焊丝只作直线运动不作摆动,焊出的焊道较窄;横向摆动运丝是在焊接过程中,以焊缝中心线为基准作两侧的横向摆动,常用的方式有锯齿形、月牙形、正三角形、斜圆圈形等。

横向摆动运丝在操作过程中应注意以下问题:运丝时以手腕为辅、以手臂为主,左右摆动的幅度要一样,摆动幅度不能太大;做锯齿形和月牙形摆动时,摆到中心时速度应稍快,在两侧时应稍作停顿;有时为了降低熔池温度、避免液态金属流淌,焊丝可作小幅度的前后摆动,摆动需均匀。

2. 焊接位置

二氧化碳气体保护焊焊接位置也有平焊、横焊、立焊和仰焊四种,如图6-4所示。

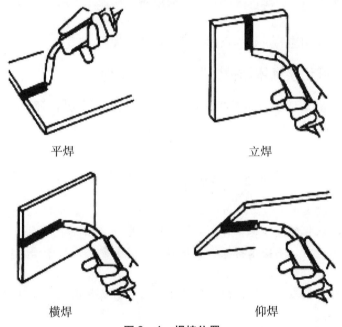

图6-4 焊接位置

四、二氧化碳气体保护焊焊接形式

二氧化碳气体保护焊焊接形式有6种。

1. 定位焊

这种方法实际上是一种临时点焊,就是在进行永久性焊接前,用很小的临时点焊来取代定位装置或薄板金属螺钉,对需要焊接的工件进行固定。和定位装置或薄板金属螺钉一样,定位焊是一种临时性的措施。各焊点间的距离大小与板件的厚度有关,其距离一般为板件厚度的15~30倍。定位焊时要求板件之间要正确对准。

2. 连续焊

连续焊是指在缓慢、稳定地向前移动中形成的连续焊缝。操作时应控制好焊枪,以免产生晃动。一般采用正向焊接,在连续地均匀移动焊枪时,时刻观察焊缝,注意焊枪应倾斜10°～15°，以便获得最佳形状的焊缝、焊接线和气体保护效果，焊枪嘴到母材之间应保持适当的距离和正确的角度。

3. 塞焊

进行塞焊时，应在外面的板件上打一个孔，电弧穿过此孔，进入里面的工件，这个孔被熔化的金属填满，从而使板件焊接在一起。塞焊操作时应从焊孔的边缘开始，按螺旋线逐步进入孔中心。

4. 点焊

点焊是当送丝定时脉冲被触发时，将电弧引入被焊的两块金属板。

5. 搭接焊

搭接焊是将电弧引入下层的金属板，同时熔融金属流入上层金属板的边缘。

6. 叠焊

叠焊就是一系列相连的重叠的点焊，形成连续的焊缝。

五、使用二氧化碳气体保护焊焊接的注意事项

（1）施焊前清理焊件表面和焊丝表面的油污、锈迹，以防焊接时产生气孔。

（2）引弧之前，调好焊丝伸出的长度，长度应等于焊丝直径的10倍。焊丝头部的粗大球形头应当剪去。

操作任务：练习气焊

实习材料：两块1 mm厚、10 cm×5 cm大小的钢板。

要求：使用二氧化碳气体保护焊进行连续焊、塞焊、点焊等焊接练习。练习时可以先在厚一点的钢板上进行，不要求将板件连接起来，只要熟悉焊接手法，能在板件表面焊出良好的焊缝即可。

当练习将板件焊接在一起时，应该首先用大力钳将板件固定好，再按规范的操作方法进行焊接。

一、连续焊

连续焊的操作方法如下：

（1）焊枪缓慢、稳定地向前移动，形成连续的焊缝。

（2）操作中保持焊枪的稳定进给，避免产生晃动，将得到高度和宽度恒定的焊缝，且焊缝上带有很多均匀、细密的焊波。

（3）采用正向焊时，连续匀速地移动焊枪，并经常观察焊缝，不能正常进行焊接的原因可能是焊丝过长。

（4）为了得到适当的焊接熔深，提高焊接质量，应使焊枪靠近板件。

二、塞焊

塞焊的操作方法如下：

（1）进行塞焊前，应先在上面的板件打孔。一般来说1 mm厚的钢板上钻 $\varphi5 \sim \varphi9$ mm 圆

孔即可。焊接不同厚度的金属板时，应将较薄的金属板放在上面。

（2）当需要将两层以上的金属板焊接在一起时，应在最下层金属板上的每一层金属板钻一个孔，并且要求每一层金属板的塞焊孔直径小于其上层金属板塞焊孔的直径。

（3）夹紧装置必须位于焊接位置的附近，保证板件非常牢固地固定在一起，且要求板件间不要有太明显的缝隙。

（4）焊接时，焊枪和被焊接的表面保持一定的角度，将焊丝放入孔内。短暂地触发电弧，然后断开触发器，反复多次，直到熔融金属填满该孔并凝固为止，所有板件将焊接在一起，但在进行一个孔的塞焊时要求一次完成，避免两次焊接。

（5）一定要让焊接深入到下面的金属板，在金属板下面有半球形隆起，金属板表面有适当的焊接熔深。

（6）进行多点焊接时，焊接过的部位自然冷却后才可以焊接相邻部位。不能用水或压缩空气对焊点周围进行强制冷却。

（7）间断的塞焊会在金属表面上产生一层氧化物薄膜，从而形成气泡。如果发生这种情况，可用钢丝刷来清除氧化物薄膜。

三、点焊

点焊的操作方法如下：

（1）对厚度不同的金属点进行点焊时，应将较薄的金属焊接到较厚的金属上。

（2）对点焊工艺参数进行调整时，最好借助于金属样品。

（3）当送丝定时脉冲被触发时电弧引入被焊的两块金属板，将两层金属板熔化熔合焊接在一起。

（4）每完成一次点焊，都应断开触发器，然后再将触发器合上，以便进行下一次点焊。

（5）为了检验点焊的质量，可将焊接在一起的两个样品拉开。高质量的焊接接头会在底层的试样上裂开一个小孔。如果焊接接头很容易被拉开，则应延长焊接时间或提高焊接温度。

任务2　电阻点焊

电阻点焊是汽车制造厂用到的最重要的焊接工艺。电阻点焊用在组装线上，完成承载式车辆上的许多原厂焊接工作。承载式车身结构件中有90%～95%的原厂焊接采用的是电阻点焊。

电阻点焊有下列优点：

（1）降低了焊接成本；

（2）不消耗焊丝、焊条或气体；

（3）不产生烟或烟雾；

（4）可透过导电的锌底层恢复修理部位；

（5）外观质量与制造厂的原厂焊接完全相同；

（6）不需要对焊缝进行研磨；

(7) 速度快，只需 1 s 或更短的时间便可焊接高强度钢、高强度低合金钢或低碳钢，而且焊接强度高、受热范围小、金属不易变形。

一、电阻点焊的焊接原理

电阻点焊在欧洲和日本的整体式车身修理中已使用了 30 多年，现在越来越多的中国汽车制造厂也指定使用电阻点焊来修理焊接汽车。因此，作为一个车身修理人员，有必要掌握电阻点焊的操作方法。电阻点焊过程中产生的热量少，对板件的影响小，可以进行快速、高质量的焊接，对操作者要掌握的操作技巧的要求也比较少。电阻点焊是利用低电压、高强度的电流流过夹紧在一起的两块金属板时产生的大量电阻热，用电极的挤压力把它们熔合在一起的，如图 6-5 所示。

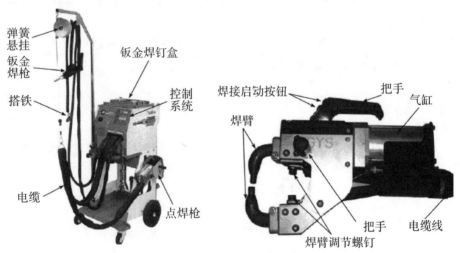

图 6-5 电阻点焊机

1. 压力

两个金属件之间的焊接机械强度与焊枪电极施加在金属板上的力有直接的关系，当焊枪电极将金属板挤压到一起时，电流从焊枪电极流入金属板，令金属熔化并熔合。

2. 电流强度

给金属件加压后通电，一股很强的电流通过两金属板接触区，产生大量的热能，温度剧烈上升，令金属熔化并且熔为一体。若电流强度过大或压力不足，将会产生内部溅出物，可以通过减小电流强度或增加压力的方式令焊接溅出物减少到最低程度，形成良好的焊点。电阻点焊时，电流与压力之间是相互关联的，必须注意要同时对二者进行调节，由此保证焊接质量。

3. 加压时间

电流停止后，焊接部位熔化的金属开始冷却，凝固的金属形成了圆而平的焊点，焊点施加的压力合适会使焊点的结构十分紧密，具有较高的机械强度，加压时间是一个十分重要的因素，时间过短会导致金属熔合不够紧密。焊接操作时，加压时间一般不可少于焊机说明书上的规定值。

二、电阻点焊机的构成与调整

1. 电阻点焊机的构成

电阻点焊机主要由变压器、控制器和电极三部分构成。

（1）变压器。焊接机变压器既可安装在焊枪上，也可安装在远处并通过电缆和焊枪连接，如图6-6所示。

图6-6 变压器

（2）控制器。焊接机控制器可调节变压器输出电流的强弱，还可以对焊接时间进行精准调节。在焊接时间内，焊接电流被接通，并流过焊接对象金属，然后电流被切断。控制器如图6-7所示，能够进行全范围的焊接电流调整。焊接电流的大小由需要焊接的金属板的厚度和电极臂长度来决定，当使用缩短型电极臂时，应减小焊接电流；而当使用加长型或宽距离的电极臂时，应增大焊接电流。

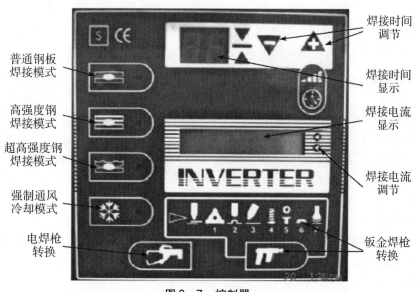

图6-7 控制器

(3) 电极。电极包括电极臂和电极头。

在操作中，要十分注意电极头的状况。如果长时间连续使用焊机，电极头表面会有燃烧生成物和杂质，电极头端部将不能正常地散热而造成过热并改变颜色，还会过早地损坏从而增大电阻，引起焊接电流急剧下降。建议在每进行5～6次焊接后，让电极头端部冷却一段时间。如果电极头端部表面有燃烧生成物和杂质，要及时用细砂纸或锉刀打磨干净。如果电极头端部已经损坏，要用电极头端部清理工具进行整形，如图6-8所示。

图6-8 电极头端部整形

2. 电阻点焊机的调整

(1) 选择电极臂。应根据需要焊接的部位来选择电极臂。

(2) 调整电极臂。为了获得更大的焊接压力，电极臂应尽量缩短。要将焊枪电极臂和电极头完全上紧，使它们在工作过程中不至于松开。

(3) 将两个电极头对准。将上下两个电极头对准在同一条轴线上，电极头不对正将引起加压不充分，而这又会造成电流过小，并降低焊接部位的强度。

(4) 选择适当直径的电极头。在开始操作前，必须选择适当直径的电极头，以便获得理想的焊接强度。电极头直径增加，点焊的直径将随之减小；但如果电极头直径太小，点焊的直径则不再增大。

(5) 电流流过的时间。一般情况下，焊接部位散发出的热量会随着通电时间的延长而增加，点焊直径和焊接熔深也随之增大。

三、挤压式电阻点焊机的操作要领

在使用挤压式电阻点焊机时，还有下列问题需要考虑。

1. 两个焊接表面的间隙

两个焊接表面之间的任何间隙都会影响电流的通过，虽然不消除这些间隙也可进行焊接，但流经焊接部位的电流将会变小而降低焊接的强度。因此，焊接前要将两个金属表面整平，以消除间隙，还要用一个夹紧装置将两者夹紧。

2. 需要焊接的金属表面

需要焊接的金属表面上的油气层、锈斑、灰尘或其他任何污染物都会减小电流强度而使焊接质量降低，必须将这些外来物质从需要焊接的表面上清除掉。

3. 防锈处理

为了使板件得到充分的防腐，对于没有镀锌层保护的钢板，电阻点焊前要在焊接的金属表面上均匀地涂上一层导电系数较高的防锈剂。

4. 点焊操作的注意事项

在进行点焊操作时，一定要做到：①采用直接焊接的方法，对于无法进行直接焊接的部位，可采用焊接中的塞焊法；②电极和金属板之间的夹角应为直角，如果不是直角，电流强度便会减小，因而降低焊接的强度；③当三层或更多层的金属重叠在一起时，应进行两次或多次点焊。

5. 点焊的焊点数量

修理厂的点焊机功率一般小于制造厂的点焊机功率。因此，与制造厂的点焊相比，修理厂在进行点焊时，应将焊点数增加30%。

6. 最小焊接间距

点焊的强度与点焊的间距也有密切关系。两层金属板之间的结合力随着焊接间距的缩小而增大。但是当间距缩小到一定值时，金属强度会产生饱和，如果再进一步缩小间距，结合力将不再增大。这是因为电流将要流向已被焊接过的焊点，随着焊点数量的增加，这种往复的换向电流也增加，但是换向电流并不使焊接处的温度升高。焊接间距必须大于往复的换向电流作用的范围，一般可按表6-3来选取这一数值。

表6-3 焊接间距的选择

板厚/mm	焊接间距/mm	边缘距离/mm
0.4	≥11.0	≥5.0
0.8	≥14.0	≥5.0
<1.2	≥18.0	≥6.5
1.2	≥22.0	≥7.0
1.6	≥29.0	≥8.0

7. 焊点到金属板边缘和端部的距离

焊点到金属板边缘和端部的距离也影响着电阻点焊焊点的强度，即使点焊的效果正常，但如果到边缘的距离不够大，自然也会降低焊点的强度。

8. 点焊的顺序

不能只沿着一个方向连续进行点焊，这种方法会使电流产生分流而降低焊接质量，也会使金属材料受到热的影响，应间隔、分段、交叉进行焊接。

9. 对边角处的焊接

不要对边角的圆弧部位进行焊接。若对这个部位进行焊接，将产生应力集中而导致其开裂。

操作任务：练习点焊

操作：对金属薄板进行电阻点焊焊接练习

实习材料：两块1 mm厚、10 cm×5 cm大小的钢板。

操作内容：使用电阻点焊机进行焊接练习。练习时只要熟悉焊接手法，能在板件表面焊出良好的焊点即可。当练习将板件焊接在一起时,应该首先用大力钳将板件固定好,再按规范的操作方法焊接。

步骤一:将焊接板件焊接位置两边的油漆除净并涂覆导电防锈剂。

步骤二:将板件牢牢地夹紧在指定位置后,用测量设备进行测量。

步骤三:调整电极臂接触压力。

步骤四:调整焊接电流大小。

步骤五:选择点焊顺序。

步骤六:开始焊接。

任务3 氧乙炔焊

氧乙炔焊属于熔焊的一种,是利用可燃气体(乙炔气体)和助燃气体(氧气),在焊炬的混合室内混合,喷出并点燃后,通过发生剧烈的氧化燃烧(可达3 000 ℃左右)来熔化焊件金属和焊丝,并使之熔合的一种焊接方法,因此也称为气焊。由于气焊的氧乙炔火焰的热量不易集中,并且由于焊接过程加热面积较大以及金属热传导的作用,不仅会使构件发生较大的变形,并且还会改变原有金属材料的性质,影响焊接的寿命,因此,汽车制造厂一般不提倡使用氧乙炔焊来修理损坏的汽车。在车身修理厂,氧乙炔火焰主要用来进行收缩、硬钎焊、表面清洁和切割非结构性的零部件。除非特别小心,在车身维修中乙炔焰不能用来切割任何类型汽车车身上的结构性部件。

一、氧乙炔焊构造及原理

氧乙炔焊接和切割设备(图6-9)通常由下列几部分组成:

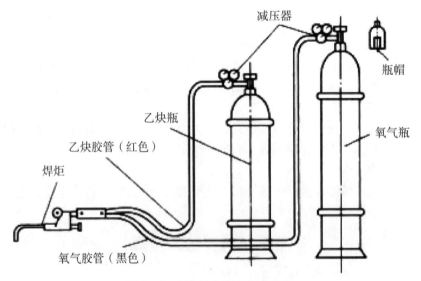

图6-9 氧乙炔焊接和切割设备

(1) 各种气瓶，内部分装有氧气、乙炔。

(2) 各种调压器，将来自气瓶的压力降低到一定的值，并保持稳定的流速。

(3) 从各种调节器、气瓶处将氧气和乙炔输送到焊枪处的软管。

(4) 焊炬，也叫焊枪。在切割时使用割炬，也叫割枪。

从气瓶内流出的氧气和乙炔在焊炬体内以适当的比例混合，在焊炬出口处点燃后产生加热火焰，这种火焰能够使钢熔化。焊炬可在极低的乙炔压力下使用，它有一个喷嘴，从位于中心的喷嘴中释放氧气，使两种气体混合在一起。割炬上带有一个氧气管和阀，用来输送氧气到喷嘴中心处的氧气孔，产生高压氧气流。氧气孔周围是一圈小孔，用来产生预热火焰。

二、氧乙炔焊工艺参数的选择、调整

1. 火焰的类型与调整

乙炔和氧气混合后在空气中燃烧，其火焰的状态由氧气和乙炔的体积来决定，有三种形式的火焰，如图 6-10 所示。

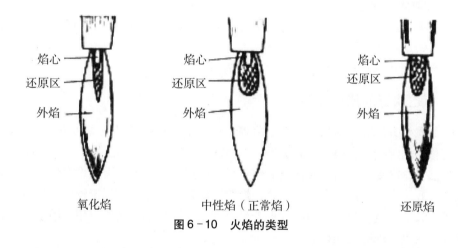

图 6-10 火焰的类型

(1) 中性焰。标准的火焰称为中性焰，此时乙炔和氧气的体积混合比例为 1∶1。这种火焰有非常明亮的白色焰芯，焰芯被明亮的外层蓝色火焰包围。

(2) 碳化焰（还原焰）。碳化焰又可称作剩余焰或收缩焰，此时混合气体中乙炔量略多于氧气量。碳化焰和中性焰的不同之处在于它由三部分组成，其焰芯和外层焰都与中性焰相同，但在这两层火焰之间，有一层单色的乙炔焰芯包围在透明焰芯的外面，乙炔焰芯的长度随着气体混合物中剩余乙炔量的多少而变化。碳化焰主要用于焊接铝、镍和其他合金。

(3) 氧化焰。混合气体中氧气略多于乙炔时，燃烧生成的火焰就是氧化焰。氧化焰与中性焰相似，但它的乙炔焰芯较短，而且其颜色比中性焰稍紫一点；外层火焰较短，而且边缘较模糊。氧化焰通常会使熔化的金属氧化，所以不能用于焊接低碳钢，但可以用于焊接黄铜和青铜。

2. 焊嘴的选择

焊嘴的大小与火焰的能率有关。单位时间内火焰所提供的热能大小代表火焰的能率。大号的焊嘴,火焰能率高,适于厚板的焊接。焊嘴与焊件厚度的关系见表 6-4。汽车钣金金属在 1.5 mm 左右,因此,2 号焊嘴使用最多。

表 6-4 焊嘴与焊件厚度的关系

焊件厚度/mm	0.5～1.5	1.5～2.5	2～3	3～5	5～7
焊炬型号	HO1-6				
焊嘴号码	1～2	2	2～3	3～4	5

3. 焊丝的选择

(1) 焊丝材料应选用与焊件相同的材料,汽车钣金件多为低碳钢板,选用一般铁丝即可。

(2) 焊丝直径与焊件厚度、坡口形式和操作方式有关。

4. 焊嘴与焊丝的倾角选择

(1) 焊嘴的倾角一般应考虑焊件厚度、焊接位置和焊件材料的热物理性等因素,厚度大、材料熔点高和导热性好时,焊嘴倾角可取大一些,反之,倾角应减小。

(2) 气焊时焊丝相对于焊嘴的角度一般为 90°～100°。

三、氧乙炔焊的操作要领

气焊的操作方法有左焊法和右焊法两种。焊炬从右往左移动的焊接方法称为左焊法,从左往右移动的焊接方法称为右焊法。

左焊法操作简单,适用于薄板及低熔点材料的焊接;右焊法火焰指向焊缝,熔池保护不易生产气孔、夹渣,热量利用效率高,焊缝冷却较慢,适用于焊接较厚或高熔点材料。

对于较长的焊缝,应事先间隔焊上若干点,以保证整个焊接位置相对固定,然后采用逆向焊接完成整个焊缝的焊接。

焊接中途停止后,应将原熔池和附近焊缝重新融化后才能继续焊接,重叠部分不应小于 6 mm。

开始起焊时,由于焊件温度较低,可加大焊嘴与焊接的倾角,加快预热速度;当起焊处形成白亮的熔池时,再减小倾角进入正常焊接;焊接收尾时,焊件温度较高,应减小倾角,加快送焊丝速度和焊接速度,直到熔池填满,火焰再慢慢离开。

四、氧乙炔焊焊接方式

1. 平焊

平焊是指工件与工作台或车间地面平行,一般能够得到最好的焊接熔深。对从汽车上拆下的零部件进行焊接时,可尽量将它放在能够进行平焊的位置。

2. 横焊

横焊是指将工件垂直放置,焊缝呈横向或稍稍倾斜于地面,焊接时焊枪横向移动,重

力会将熔池拉向地面，在进行横焊时，应该使焊枪向上倾斜，以抵消重力对熔池的影响。

3. 立焊

立焊是将工件垂直放置，焊缝垂直或稍稍倾斜于地面。焊接时焊枪向上或向下移动，重力会将熔池拉向连接点的下方。

4. 仰焊

仰焊是将工件安装到操作者头部上方进行焊接的一种方法。仰焊最难进行，在这个位置一些熔融金属很容易落入喷嘴而引起故障，飞溅的金属或火花也容易对人造成伤害。

五、氧乙炔焊注意事项

为了获得良好的焊接质量，用气焊焊接时一定要做到焊丝和焊缝两边的金属材料同时熔化，及时移动焊炬并填充焊丝，由于汽车钣金覆盖的厚度较小，都在 1 mm 左右。焊接时焊炬移动过快，过早填充焊丝会造成焊件熔化不良，焊接不牢固；焊炬移动过慢，焊丝填充稍迟，焊件容易被烧穿。为避免出现这些不良结果，钣金气焊时应注意如下事项：

(1) 考虑到汽车钣金件的特性，气焊时应选用小号焊炬（如 HO1-6）、3 号以下的焊嘴、焊丝直径为 2 mm 左右的焊丝，采用中性火焰。

(2) 焊缝一次完成，焊接速度要快，绝不可反复烧焊。

(3) 焊炬的移动要平稳，焊丝则以涂抹的动作溶于焊池之中。

(4) 部件边缘裂缝的焊接应从裂缝尾部（裂缝止端）开始起焊，焊嘴应指向焊件外面，减少部件受热，防止前焊后裂。

(5) 长焊缝的焊接，事先应将链接处修整对齐，并按要求间隔点焊后再行焊接，一般应从中间向两端依次交替焊接而成。

(6) 挖补焊接，事先应将补丁板料在平台上普遍撞击一遍，可减少焊接变形。

操作任务1：调整焊枪火焰

氧乙炔焊不能用来焊接现代汽车的车身，但可用来对非机构性板件在原厂焊过的焊缝进行焊接，可按下列步骤使用焊炬。

步骤1：使用钣金件试用的标准喷嘴安装到焊炬的端部。

步骤2：分别将氧气和乙炔调节器调节到适当的压力值，氧气为 0.2～0.3 MPa，乙炔为 0.02～0.03 MPa。

步骤3：将乙炔阀旋开约半圈并点燃气体，然后继续旋开压力阀，直到黑烟消失并出现红黄色火焰；慢慢地旋开气阀，直到出现带有淡黄色透明焰芯的蓝色火焰，进一步旋开氧气阀，直到中心的焰芯轮廓分明，这类火焰称为中心焰，可用它焊接低碳钢（汽车车身除外）。如果向火焰中心增加乙炔或从火焰中减少氧气，便形成碳化焰；如果向火焰中增加氧气或从火焰中减少乙炔，便形成氧化焰。

操作任务2：调整割炬火焰

车身修理厂有时用割炬来粗割损坏的金属板。割炬火焰的调整和切割过程如下。

步骤1：点燃火焰。

按照焊炬方法点燃火焰。

步骤2：调整火焰。

先将氧气和乙炔的数值调整为预热中性焰，再缓慢地打开预热氧气阀，直到出现氧化焰。具体操作时，还要根据切割材料厚度调整火焰能率，即火焰的大小。

步骤3：切割。

（1）切割厚金属板。对母材某一部分加热，直至达到赤热状态。在金属开始融化前，打开高压氧气阀切割金属板。在确定金属板已被割开后，向前移动割炬，这种方法被广泛运用在几层金属板重叠在一起的情况或用来切割纵梁。

（2）切割薄金属板。在母材很小的范围内加热，直到该处达到赤热状态。在该处融化以前，打开高压氧气阀并倾斜割炬进行切割，尽量快速切割使切割口变得整齐，也可防止母材弯曲。

项目7　典型车身板件修复

任务1　翼子板的修复

　　汽车前、后翼子板总是因为汽车追尾或是碰撞事故而受到损伤。损伤原因通常是受力过大，一般来说，塌陷（凹坑）、不规则褶皱会同时产生，并出现死褶等。在维修时，必须设法将褶皱展开平整，如果条件允许，可用撑拉法解开褶皱，再进行敲平；如果条件不允许，则在分解拆除后于车下展开褶皱，再进行平整修复。

　　轿车前翼子板正面遭遇撞击属于主动型撞击，一般撞后塌陷和褶皱同时出现，首先必须设法将死褶撬开，缓解成活褶，再用氧乙炔火焰进行加热，接着用锤子敲击活褶的最凸出处，慢慢将其展平，恢复到原始状态。

　　后翼子板遭到侧面撞击属于被动型撞击，一般是在汽车转弯或停驶时遭到其他车辆撞击。翼子板侧面被撞击后，因受力方向与部位均与前面被撞不同，凹深和塌陷面积更大，一般不会产生死褶，因此修复起来也比正面受到撞击要容易，图7-1是右后翼子板侧面撞击示意图。

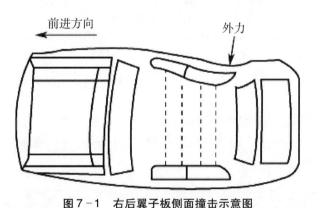

图7-1　右后翼子板侧面撞击示意图

一、翼子板正面碰撞的修复

　　步骤1：用拉伸工具矫正翼子板的整体变形，拉伸时用手锤轻轻敲击翼子板上的压缩区，如图7-2所示。

图 7-2　用拉伸工具矫正前翼子板

步骤 2：用冲击锤和垫铁修复大的凹陷及灯口附近的撕裂，恢复原有的型线，如图 7-3 所示。

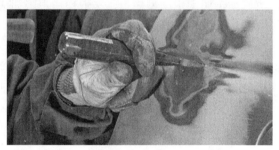

图 7-3　恢复型线

步骤 3：对齐后的撕裂口用气焊或气体保护焊焊接。焊接时先将裂口的起点暂焊一点，再由裂口的终点开始焊到裂口的起点。若裂口较长（大于 5 cm），可先定位焊接再分段焊。

步骤 4：焊后对焊缝用垫铁冲击锤敲击消除应力，然后磨掉多余的焊料。

步骤 5：如图 7-4 所示，用气焊或碳棒对延展区域进行收缩作业，注意用气焊不要加热过度，锤击整平要轻。

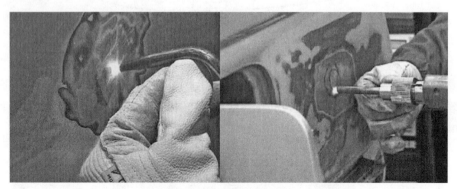

图 7-4　气焊收缩作业

步骤6：用粗砂纸对损坏处打磨并触摸检验，对小的缺陷用精修锤整平。

步骤7：在翼子板内侧涂层破损处喷涂防腐胶或防腐漆。

二、翼子板侧面碰撞的修复

步骤1：首先用一根木棒从车轮与翼子板的空隙处伸进，用力往外撬，即可将凹坑大体上顶出来，趋于原状。

说明：侧面被撞击，由于凹陷面积较大，凹坑偏深而死褶相对较少，所以可用木棒撬。如果被撞后凹陷皱褶较多，则凹陷皱褶部位的展开与平整和正面被撞修复方法大致相同。

步骤2：用垫铁在里面顶住向外凸出的较小部分，再用锤子在外表面处敲击凸出的部分。

步骤3：用锤子边敲击边移动，垫铁也同时移动。

步骤4：翼子板的边缘处应用专用的垫铁在里面垫托边缘的弯折线，一手持锤从正面弯折线外缘敲击，如图7-5所示。

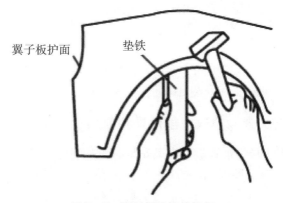

图7-5　翼子板边缘的修复

步骤5：逐渐移动垫铁，循序渐进，使工件边缘逐渐恢复原形，直到全部平整。

三、用钣金整形夹修复翼子板

钣金整形夹是一种较为先进的汽车钣金修理工具，其结构简单，使用方便，如图7-6所示。汽车翼子板被撞造成的凹陷，修复时用此种工具，可以不必卸下翼子板即能完成凹陷部分的整平，效果也较佳，明显优于普通手工整形。整形用的辊子形状有很多种，可选择使用。一般轻微撞击产生的凹陷较浅，可用木锤大致敲平后，再用整形夹的辊子滚压，即可恢复原来的形状。

步骤1：利用千斤顶将车顶起，然后拆下车轮与车灯，除去翼子板里面的灰尘与污泥。

注意：操作时要小心谨慎，不要损坏导线及电子元件。

步骤2：在翼子板凹陷处背面垫好沙包，用木锤将表面大致敲平。敲击时要缓和，以

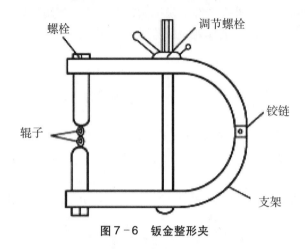

图 7-6 钣金整形夹

免钢板敲胀而发生变形,并应从凹陷部位的周边向中心敲击。

步骤 3:选择适当的辊轮装于整形夹上,再将整形夹装于汽车翼子板的被撞部位,并调整调节螺栓,对辊子之间施以轻微的压力。用整形夹做均匀的反复滚压,以压平凹陷部位。观察被撞部位是否滚压平整,再用手触摸,如仍有不平之处,再继续滚压,直到压平。

步骤 4:整平翼子板后,即可卸下整形夹,装上车轮、车灯等附件,然后进行表面喷漆工序,最后将喷涂后的翼子板安装到车上。

四、前翼子板内加强板总成、前横梁和散热器支座的安装

步骤 1:检查前翼子板内加强板与纵梁安装面的装配标记是否一致,确认并匹配好后用夹钳将它们夹紧。如没有装配标记的零件,则放在旧零件的位置。

步骤 2:利用杆规检测基准点间的距离来确定零件的位置,并对零件进行定位。在某一位置用定向需要调整的方向移动,调整其长度方向上的位置。

步骤 3:在未焊接的板件端部画上定位线,然后钻孔,并用钢板螺钉将零件固定在一起,在内加强板部位上画一条线,但不要把它们焊接起来。

步骤 4:用自定心规检测车辆两侧的新旧内加强板的相对高度,使之一致,然后用千斤顶支撑住新的内加强板,以确保其高度位置不发生变化,如图 7-7 所示。

步骤 5:测量宽度和下对角线长度,仍用千斤顶支撑住新板件,以免高度位置发生变化。然后,根据需要调整纵梁位置,得到正确的尺寸后,再重新检查、确认高度尺寸。

步骤 6:仔细确定前横梁的位置,使其左右两端均匀一致。

步骤 7:当确定纵梁的位置尺寸与图表中所注尺寸一致后将其固定。悬架横梁也可用夹具来安装。以足够数量的塞焊点把前横梁与纵梁的连接部位固定好。

步骤 8:确保内加强板的上部尺寸不发生变化,可通过检查所画标线是否产生了移位来确认。

步骤 9:检测翼子板后安装孔与悬架座孔或翼子板前安装孔之间的对角线长度。

步骤 10:测量在宽度方向上悬架座和前翼子板螺栓孔之间的尺寸,然后把它们固定

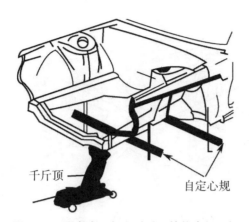

图 7-7 用自定心规和千斤顶检修内加强板

在一起。如果其宽度方向上的尺寸与车身尺寸手册中所标注的尺寸不一致,则需进行微量调整,同时要注意对角线的变化,如图 7-8 所示。临时性安装并固定散热器的上、下支座。

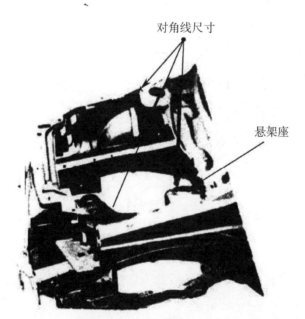

图 7-8 悬架座和前翼子板螺栓孔之间的测量要求

步骤 11:测量纵梁在宽度方向上的尺寸,将杆规调至适当尺寸,并根据需要调整内加强板,如图 7-9 所示。

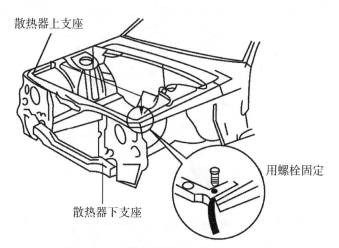

图 7-9 测量纵梁在宽度方向上的尺寸

步骤12：用夹钳固定好下支座，然后用手轻轻拍打使其到位。

步骤13：测量散热器支座的对角线长度，确保这两个尺寸一致，如图7-10所示。

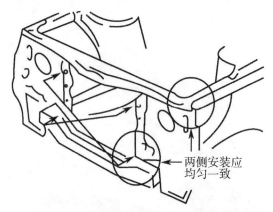

图 7-10 测量散热器支座的对角线长度

步骤14：临时性安装前翼子板，然后检查它与车门之间的位置关系。如果缝隙不合适，其原因可能是内加强板或纵梁高度位置不准确。

步骤15：焊接之前再按上述方法检测一遍，再次验证所有的尺寸。

任务2　发动机罩的修复

1. 发动机罩受损原因及类型

受到重物从上方意外落下的撞击和汽车发生正面碰撞，是发动机罩遭遇撞伤的两大常见原因。

重物从上方意外落下，这类撞伤通常仅发动机罩自身受损，不会殃及其他部位，因此，维修时不必拆下发动机罩，直接在车体上进行修复即可。这样操作不但免于拆卸的麻烦，还大大节省了维修、安装与调整工时，由此提高了效率。

与其他车辆碰撞或撞到树干、电线杆等建筑物，令车体正面受到撞击，一般在前围及左、右翼子板等部位发生损坏的同时，还会令发动机罩出现拱曲、塌陷与褶皱等损伤变形。这种损伤变形通常较为严重。因此在拆卸翼子板或前围等部件的同时，还需要将发动机罩拆卸下来，由此才能彻底修复。

2．发动机罩的修复方法与步骤

损伤类型：平面筋线损伤

损伤范围：长 10 cm，宽 4 cm，深 1 cm 的凹陷

步骤1：拆下发动机罩固定螺栓，将拆下的发动机罩移至修复工作台。

步骤2：鉴别损伤范围，判断损伤程度，确定维修方案，如图 7-11 所示。

图 7-11　发动机罩损伤鉴别

步骤3：打磨漆层，至钣金件金属裸露后进行清洁，然后再进行钣金作业，如图 7-12 所示。

图 7-12　打磨漆层

步骤4：焊介子。焊接介子，利用钣金修复机把介子焊接到待修板件上，方便之后的拉拔作业，如图 7-13 所示。

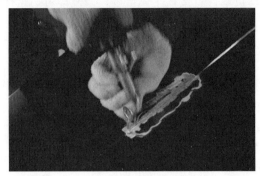

图 7-13　焊介子

步骤 5：直线焊接，把介子焊接成一条直线，为之后使用整形架做好准备。

步骤 6：在介子中穿入 L 形铁，以便整形架的拉钩能固定在上面进行拉伸作业，如图 7-14 所示。

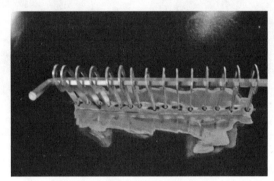

图 7-14　介子中穿插 L 形铁

步骤 7：固定拉钩。把整形架的拉钩挂在 L 形铁上，使发动机与整形架基本固定，如图 7-15 所示。

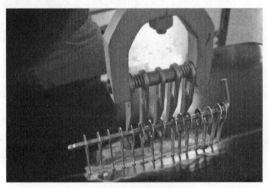

图 7-15　固定拉钩

步骤8：固定整形架。调整旋钮与支架，固定整形架，如图7-16所示。

图7-16　固定整形架

步骤9：拉伸修复。进行拉伸作业，边拉伸边观察，根据凹陷的拉伸幅度，调整拉伸的力度，如图7-17所示。

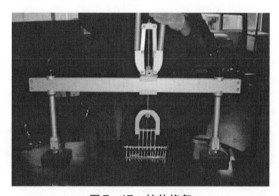

图7-17　拉伸修复

步骤10：粗整形。固定拉伸手柄，初步完成粗整形作业，如图7-18所示。

图7-18　固定拉伸手柄进行粗整形

步骤11：消除应力。用锤子配合敲打板件进行板件应力消除，如图7-19所示。

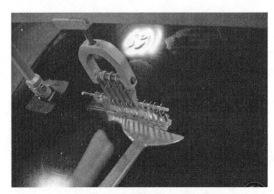

图7-19　敲打板件以消除应力

步骤12：松开螺母。两手轻轻拉伸手柄，使螺母与连杆之间产生一定空位，慢慢松开上面的螺母，如图7-20所示。

图7-20　松开螺母

步骤13：松开拉钩。慢慢松开拉钩，使整形架支架松动，如图7-21所示。

图7-21　松开拉钩

步骤14：拆介子。旋转介子，慢慢拆下介子，如图7-22所示。

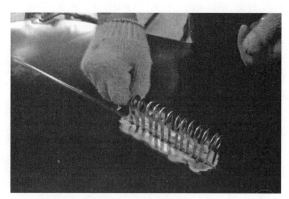

图7-22 拆介子

步骤15：完成粗整形修复，如图7-23所示。

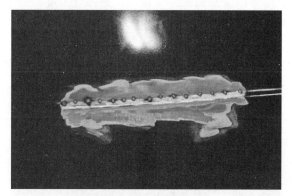

图7-23 完成粗整形修复

步骤16：检查修复效果。用直尺测量修复平面与完好平面是否在同一平面上。如图7-24所示，修复平面与完好平面还存在一定误差。

图7-24 检查修复效果

步骤17：细整形。细整形修复，对相对低的位置进行拉伸修复，如图7-25所示。

图7-25　细整形修复

步骤18：拉低打高。如图7-26所示，对相对低的位置进行拉伸，对相对高的位置进行敲击，要注意焊拉枪与钣金锤的配合，重点是把握好力度。

图7-26　拉低打高

步骤19：打磨。如图7-27所示，修复完成后，打磨焊点。

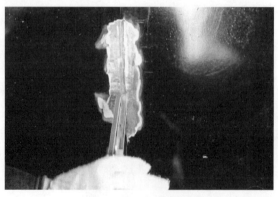

图7-27　打磨焊点

步骤20：测量。如图7-28所示，对修复平面进行测量，检查是否都在同一水平线上。如果是，就可结束钣金修复作业，否则就要重复前面步骤直至修复完成。

图7-28 测量修复平面

任务3 汽车前围护面的修复

事故发生时的具体状况决定了汽车碰撞时的受力程度和受损程度，了解碰撞的过程能够在一定程度上确定汽车所受的损伤。所以在修复之前，必须掌握被撞的汽车方位、构造、车速、方向与角度等信息，由此才能确定引起损伤的真正原因并对其进行准确分析。几辆质量相似的汽车，如果行驶速度不同，在发生撞击时，车辆的撞伤程度也会出现较大的差别。譬如，汽车撞上墙壁与撞上电线杆的后果就大为不同，前者的碰撞面积较大，损伤程度较轻；后者的碰撞面积较小，损伤程度更严重，此外连同汽车保险杠、发动机罩、水箱等部件都会产生明显变形。

前围护面的损伤修复步骤：

步骤1：检查。

（1）在进行修理保险杠所需的任何工作之前，应该对它进行详细的检查以确定问题的严重性。

（2）测量凹痕的周长并保存信息。问题的大小能决定用什么方法来纠正它。

步骤2：清理。

（1）清洁凹坑周围的区域，以便任何可能需要使用的工具都能正常工作。

（2）用水充分冲洗表面，洗车液应用于重污。在这两种情况下，都要用布清洗表面并令其彻底干燥，如图7-29所示。

图7-29 清洁凹坑周围

步骤3：使用热风修复小凹痕。

（1）当进入保险杠后面的区域和凹痕较小时，可以用热枪或吹风机固定。热枪可以达到非常高的温度，所以要确保穿戴好隔热手套，身体做好防护。

（2）用吹风机或热枪将热空气吹到凹陷处，直到它足够温暖并变得柔软。然后用手轻轻把凹痕从后面推出来，如图7-30所示。

图7-30　用热风修复小凹痕

步骤4：使用工具修复凹陷。

（1）用干净的湿布清洁凹处，并用记号笔做好标记，如图7-31（a）所示。

（2）把专用胶装入胶枪，插上电源预热7分钟左右，如图7-31（b）所示。

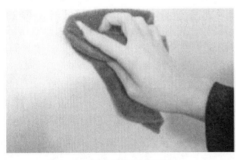

（a）清洁并标记凹处　　　　　　　（b）胶枪预热

图7-31　凹陷修复准备

（3）选择合适的垫片，并用胶枪在垫片上均匀涂满溶胶，如图7-32（a）所示。注意：大的凹坑选用大的垫片，垫片越大牵引力越大，溶胶要迅速打在垫片上，并快速贴到凹陷处。

（4）如图7-32（b）所示，涂满溶胶的垫片要快速贴入凹陷位置，轻轻压住直到专用胶粘固后松手，并根据气温情况等待3～10分钟。

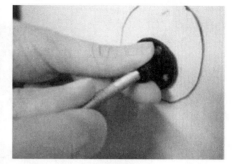

（a）垫片上涂溶胶　　　　　　　　（b）粘贴垫片

图 7-32　凹陷入粘贴垫片

（5）如图 7-33（a）所示，将桥式中间的孔对准粘牢固的垫片，把螺帽套进垫片螺丝杆上拧紧，一直拧转螺帽直到拉拔到凹坑修平为止。

（6）修复完成以后，扭下螺帽，取出过桥和垫片，再用酒精喷洒在车体残胶上，用刮铲清理表面附着的残胶，修理完成，如图 7-33（b）所示。

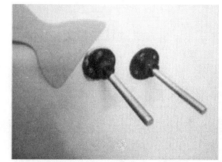

（a）用螺丝杆拉拔凹坑　　　　　　（b）拆卸螺帽、垫片

图 7-33　修复凹陷，清洁表面

步骤 5：润色油漆。

完成整个修复与适当的底漆和汽车涂料，以配合具体颜色。如果不能确定是否与之匹配，则最后一步可能是一个必须的工作。不过，一定要尽快处理好，因为铁锈会很快地在保护性没有完成的地方出现。

任务 4　汽车前纵梁结构件的更换

汽车前纵梁是汽车最重要的承载部件，其中的车架纵梁是最为关键的零件之一，纵梁在汽车上发挥着重要的承载作用，汽车的边梁式车架、中梁式车架等都含有纵梁。汽车前纵梁结构如图 7-34 所示。

纵梁通常采用低合金钢板冲压制成，其断面形状通常是槽型，也有部分断面做成"Z"字型或者箱型。根据汽车形式差异和结构布置的不同需求，可以在水平面内或纵向平面内将纵梁做成弯曲、等断面或非等断面。

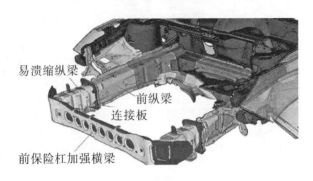

图7-34 汽车前纵梁结构

一、项目说明

一辆东风雪铁龙爱丽舍轿车，在一次追尾事故中，车辆左前侧受损。经过拆解后发现，左前大灯受损，左前保险杠破裂，左前纵梁翼子板内板受损褶皱（如图7-35所示）。

维修方案：更换纵梁翼子板内板，更换保险杠，更换大灯。

图7-35 受损情况

二、操作步骤

步骤1：拆除附件。

拆除蓄电池负极以及需要更换板件附近的电脑板、电线，防止在后续的焊接和切割作业中对电路部分造成伤害，如图7-36所示。

图7-36 拆除附件

步骤2：钻取外板。

使用点焊钻将翼子板外板的焊点钻除，并取下翼子板外板，如图7-37所示。

图7-37 钻取外板

步骤3：切割内板。

从减震器支座前方对翼子板内板进行切割，如图7-38（a）所示；切割中切缝保证竖直，如图7-38（b）所示，以方便后续焊接作业，使用切割机时注意对自身的保护。

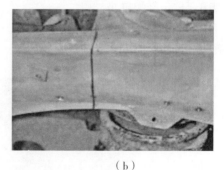

（a）　　　　　　　　　　　　　（b）

图7-38 内板切割

步骤4：钻除内板点焊。

使用点焊钻对翼子板内板焊点钻除，保证每个焊点都不遗漏，如图7-39所示。

图7-39 钻除内板点焊

步骤5：板件分离。

使用錾子和榔头将钻除点焊的板件分离，如图7-40所示。分离板件使用榔头时注意自身安全，提醒周围人员不要站在挥锤者的对面，防止榔头飞脱伤人。

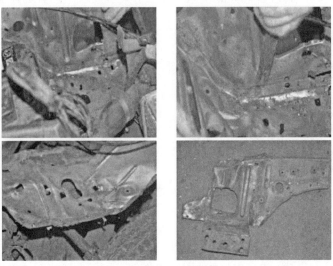

图7-40 分离板件

步骤6：校正受损部位。

对不需要更换并且受到损伤的部位进行校正，保证能与新板件紧密配合，达到最好效果，如图7-41所示。

图7-41 校正修复受损部位

步骤7：测量板件原始位置。

测量新板件与各个基准点的相对位置，如图7-41所示。测量前用大力钳固定，测量位置可以是本侧某两个孔之间的距离，也可以是本侧与对侧孔的距离。此测量方法只需要将未受损的那一面的参数尺寸做对比即可，省去查阅资料时间，提高生产效率。

图7-42 测量板件原始位置

步骤8：临时固定板件。

对测量后的板件使用定位焊固定，如图7-43所示。

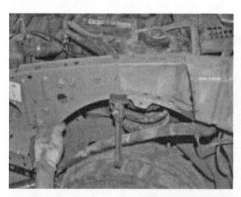

图7-43 用定位焊固定测量后的板件

步骤9：新板件对比定位。

再次对板件安装尺寸进行检验。可以在不使用的新板件上面切割一块，如图7-44（a）所示，通过切割下来板件上面的螺丝孔进行检验，如图7-44（b）所示，螺丝孔能完全对上，并且与先前已经定位的板件割缝平齐即可。或是再次测量几个孔之间的距离，如图7-44（c）所示。最后将翼子板安装上去，检查螺丝孔能否对上，如图7-44（d）所示。

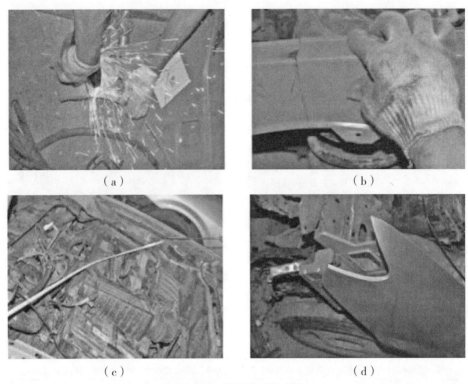

(a) (b)
(c) (d)

图 7-44 新板件对比定位

步骤 10：板件焊接。

定位后的板件使用气体保护焊对其进行焊接，点焊被钻除的位置时使用塞焊，如图 7-45（a）所示，切割板件位置的切缝使用搭接焊，如图 7-45（b）所示。

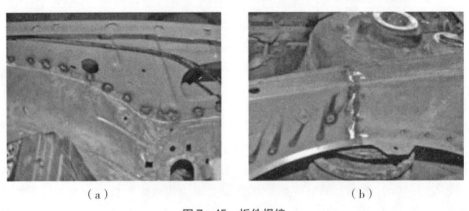

(a) (b)

图 7-45 板件焊接

步骤 11：板件防腐处理。

对焊接过的部位涂上防锈漆，如图 7-46（a）所示，将外层板定位并且采用塞焊焊接，如图 7-46（b）所示。

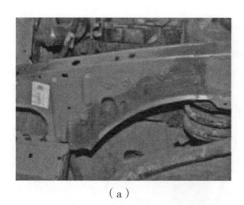 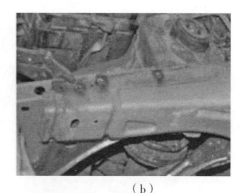

（a） （b）

图 7-46 板件防锈防腐

任务 5　车顶的修复

对于车顶部位的损伤，使用常规的拉伸方法操作时很难用力，可选择省力组合工具进行拉伸，将合适的支腿安装在组合工具上，并安装拉钩，使用打磨机打磨车顶板凹陷最深的部位油漆涂层。

调整焊机的合理焊接参数，在车顶板损伤凹陷位置上焊接垫片，把拉杆安装在垫片的拉孔中，如图 7-47 所示。

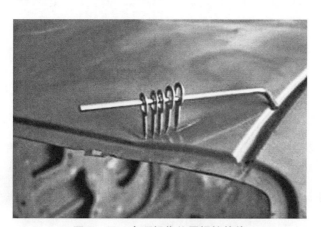

图 7-47　车顶损伤位置焊接垫片

把组合工具的拉钩安装在拉杆上，把支腿支撑在车顶边梁的坚固部位上，逐步均匀用力向下撬动组合工具把手，让凹陷部位逐步恢复。当有一定的变形恢复时，一只手继续撬动把手，另一只手拿钣金锤敲击板件周围，让板件的应力放松。

反复重复拉伸，直到凹陷部位的变形恢复，如图 7-48 所示。

图 7-48 车顶损伤的修复

任务 6　车门的修复

车门在车身板件中属于重要部件，当汽车发生碰撞时，车门很容易损坏，因此，车门的碰撞修复是事故后车辆修复的重要工作之一。

1. 工具准备

如图 7-49 所示，完成本任务，需要使用的主要工具有：个人防护用品（手套、护目镜、工作服、耳塞、防尘口罩）、修复机、钣金锤、钢板尺、记号笔、大力钳、打磨机、吹枪、钳子、活动扳手。

盘式打磨机　带式打磨机　气吹洗枪　钣金锤、垫铁组套　专用卡尺

图 7-49　车门修复需要的工具设备

2. 受损情况

一个贯穿筋线，面积约为 10 cm×10 cm 的凹陷，无死角，如图 7-50 所示。

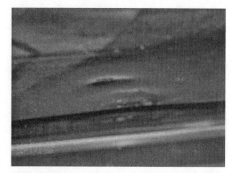

图 7-50　车门受损情况

3. 确认受损面积

通过钢板尺检验凹陷周围受损情况，找出间接损伤部位，使用记号笔将受损部位标记，如图 7-51 所示。

图 7-51　测量受损面积，找出间接损伤

4. 打磨受损区域

使用圆盘打磨机对受损区域进行打磨，将受损区域内的油漆全部去除，未全部去除会影响修复机的使用。圆盘打磨机不能打磨的地方，使用带式打磨机打磨，打磨后使用吹尘枪对板件表面进行清洁。如图 7-52（a）～（b）所示。

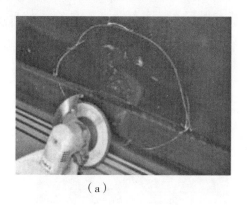
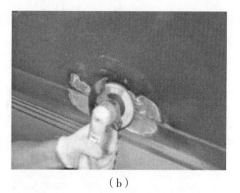

　　　　（a）　　　　　　　　　　　　　　（b）

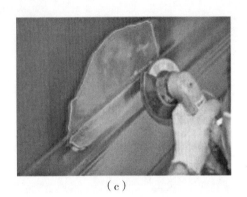
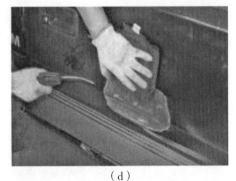

(c) (d)

图 7-52 受损区域打磨、吹尘

5. 为介子焊接做准备

打开电源，调整焊接时间为 1～2 挡，模式为介子焊接，如图 7-53（a）所示；装上介子焊接头，如图 7-53（b）所示。

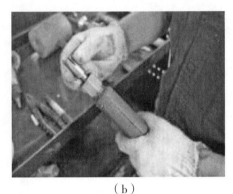

(a) (b)

图 7-53 准备焊接介子

6. 介子焊接

装上搭铁线，右手拿焊枪，左手将介子放在焊枪前段的开口处，将介子垂直放在筋线上；按下焊枪上的触发开关 0.5～1 s，介子被焊接在筋线上。按此方法根据受损大小隔 5 mm 左右焊接下一个介子，每个介子的孔基本保证在一条线上，方便穿入拉杆，如图 7-54 所示。

图 7-54 介子焊接

7. 筋线拉伸

如图 7-55（a）所示，在介子孔中穿入拉杆，然后如图 7-55（b）所示，使用排钩对筋线进行拉伸。每次拉伸不超过 5 mm，拉伸后使用钣金锤及时放松板件应力。如图 7-55（c）所示，使用钳子夹住介子左右转动取下介子，然后如图 7-55（d）所示，使用钢板尺对拉伸效果进行检验，筋线高度低于正常高度 1 mm 左右就可以停止拉伸。

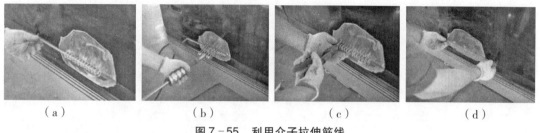

图 7-55 利用介子拉伸筋线

8. 平面修复准备

更换焊接头，将介子焊接头转换为带滑锤的三角垫片，如图 7-56（a）所示；焊机参数调整为时间 1~2 挡，模式为三角垫片焊接，如图 7-56（b）所示。

图 7-56 准备焊接三角垫片

9. 平面修复

从凹陷四周开始往中间拉伸，如图 7-57（a）所示。拉伸过程中使用钣金锤对凸起的地方轻轻快速地敲击以消除应力，如图 7-57（b）所示。在多次重复上述步骤中用手掌对受损区域进行检查，如图 7-57（c）所示。最后，使用圆盘打磨机打磨掉焊疤，如图 7-57（d）所示。凹陷较深可以使用多次进行拉伸。

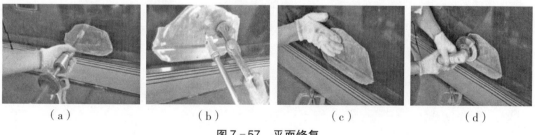

图 7-57 平面修复

10. 应力消除

板件在事故中受损，板件被拉伸造成永久伤害，使用修复机拉伸时应力未能完全被消除，修复后具有弹性，油漆作业完成后可能会造成漆面大面积裂开脱漆。可以使用碳棒对应力未消除地方进行收火。首先，用记号笔和钢板尺标示出比周围高且具有弹性的地方，如图7-58（a）（b）所示；其次，将碳棒放在标示的地方按下开关，开始对凸起的地方进行加热；然后用压缩空气对加热过的地方进行冷却，如图7-58（c）所示；最后，使用钢板尺对修复后的位置进行检查，修复后低于周围1 mm即可，如图7-58（d）所示。

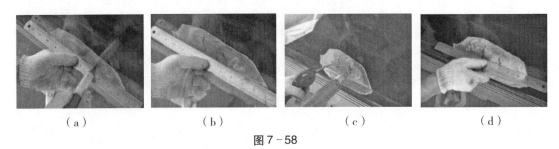

图 7-58

11. 清理工具，打扫卫生

修复完成后要清理工具，打扫卫生，保持环境整洁。

任务7　汽车后围护面的修复

后车追尾是造成轿车后围损伤和变形的最常见原因。一般来说，会将尾灯碰碎或将塑料保险杠刮坏，再有严重者，护面被撞凹陷，后门发生变形，等。通常来说不需要拆卸护面等板件，直接在车体上进行修复即可，修复过程相对简单。

较为严重的后围碰撞发生以后，不但会令后保险杠、后车门及门框口等部位发生严重损坏，还会波及到车身壁板、底板、车顶、车窗与门柱等处，对这些部位造成不同程度的变形。在前面提到的汽车前围护面修复中，我们已经了解了凹陷损伤的修复，这里便以汽车后保险杠为例，对开裂损伤的修复进行讲解。

汽车保险杠的开裂损伤一般采用塑料焊接修复技术进行修复，在断裂处熔植不锈钢加固网，可以令保险杠断裂处在修复以后具有较高的强度，同时还可保证保险杠的减振性能经修复后也不会降低。

一、汽车保险杠开裂损伤修复步骤

（1）检查保险杠开裂损伤的位置及损伤程度，如图7-59所示。

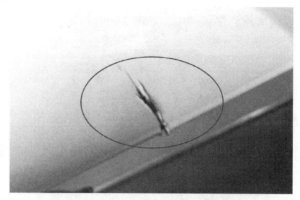

图 7-59　检查后保险杠开裂损伤

(2) 在开裂部位的末端钻 1 个止裂孔，以防止裂纹进一步扩大，如图 7-60 所示。

图 7-60　钻止裂孔

(3) 使用单动作打磨机搭配 80 号砂纸对开裂处的漆面进行打磨，去除表面油漆涂层，如图 7-61 所示。

图 7-61　对开裂处打磨

(4)羽状边打磨完成后,在裂纹两边要形成具有一定倾斜度的坡面,目的是预留空间,以便把不锈钢加固网熔植到塑料件中,如图7-62所示。

图7-62 打磨羽状边

(5)裁剪不锈钢加固网,不锈钢加固网的大小以包裹住裂纹为宜,边缘翻折,如图7-63所示。

图7-63 裁剪不锈钢加固网

(6)熔植不锈钢加固网之前,要对板件的损伤表面进行除尘、除油等清洁操作,以确保焊接修复效果,如图7-64所示。

图7-64 板件损伤表面除尘除油

（7）使用电烙铁将不锈钢加固网熔植入开裂处，注意熔植要有一定深度，避免在后续的打磨过程中出现不锈钢加固网裸露现象，如图 7-65 所示。

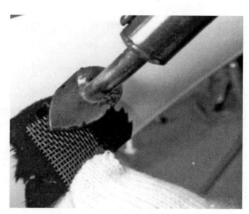

图 7-65　熔植不锈钢加固网

（8）使用专用保险杠修补玻璃纤维胶条填敷断裂处，填敷的玻璃纤维胶条应有一定的厚度，以覆盖填平整个受损表面。

（9）等待胶条干燥后，使用打磨机对修补面进行打磨，去除多余的熔胶和毛刺，使其平整，注意打磨时不要使不锈钢加固网裸露出来，尤其要注意对边角的处理。

（10）检查修复效果，如果修补后的表面不平整或有不锈钢加固网裸露，可继续使用电烙铁对修补面进行熨烫修复以满足后续涂装作业要求，如图 7-66 所示。

图 7-66　用电烙铁熨烫补面

二、行李箱盖、框口下部的修复

（1）凹陷不严重的修复。可采用"拉伸法"将其凹坑拉出，再借助撬具、修平刀、抵座与锤子，必要时用氧乙炔火焰加热来配合修平。

（2）开裂情况的修复。工件出现裂纹后，可采用氧乙炔焊或 CO_2 气体保护焊进行修复。

任务8　汽车侧围护面的修复

自身主动型撞击和来自其他方的被动型撞击是汽车侧围护面因碰撞造成损坏的主要原因。

主动型撞击的发生原因，通常是汽车驾驶员在行驶过程中突然注意到前方出现障碍物，而此时车速较快，制动已经来不及，驾驶员的第一反应通常是企图绕离危险区，即处于本能立刻向左打转向盘，这样操作便会蹭刮到右侧围，令右侧围上的车门、门槛、立柱与门框等部件发生不同程度的损伤与变形。

被动型撞击是指，汽车驾驶员在正常行驶过程中或十字路口处突然受到一侧开来的车辆撞击，令车侧发生损伤变形。这类撞击的损伤程度通常比第一种撞击情况更为严重。在有些事故中，车身中部垂直受力，不仅令车门与侧围发生损坏，还会波及车顶与顶框等多处部位。

一、汽车侧围被撞击的修复

因为轿车的侧围只有门框与门槛，因此通常来说可以在车身上直接进行修复，不需要拆割下来。实在无法直接修复的，拆割下来的零件也失去实用价值，只能报废，通常需要重新制作或从其他报废车辆拆割下相同的配件重新安装。

步骤1：把左侧围前、后两个受损车门拆掉，待修复后再重新安装。

步骤2：将撑拉器一端挂于车门中柱上，另一端拴在其他建筑物体（如墙柱等）上，如图7-67所示。

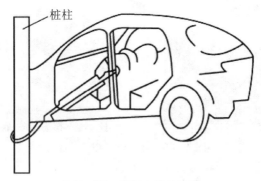

图7-67　车门中柱的牵引

步骤3：用撑拉器单一方向将左侧车门中柱拉回到原来状态。

步骤4：用手提式油缸从里边撑顶，同时拉拔前支柱，如图7-68所示，修复侧围前柱。

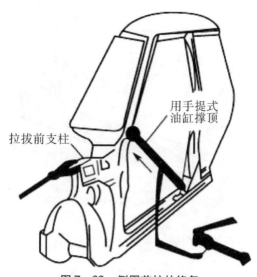

图 7-68 侧围前柱的修复

步骤 5：将顶角凹陷处初步敲起，然后用螺旋式撑拉器置于门框右上角与左下角之间，旋转手柄。随着手柄的旋转，撑拉器两端螺杆开始伸长，门框则在撑拉器撑顶作用下，逐渐恢复原状，如图 7-69 所示。

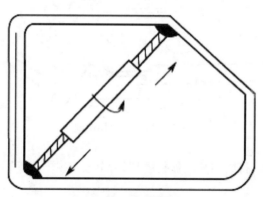

图 7-69 门框的修复

步骤 6：用锤子、垫铁及氧乙炔火焰等修复凹坑和凸起，然后整平。

二、门槛外板的更换

步骤 1：把损坏的部分切掉，以方便拆卸，如图 7-70 所示。

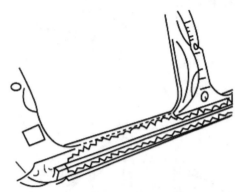

图 7-70　切掉门槛外板损坏的部分

步骤 2：用气动砂轮机打磨掉焊缝，如图 7-71 所示。

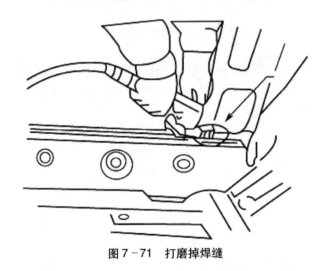

图 7-71　打磨掉焊缝

步骤 3：用小型带式打磨器从内侧打磨焊接部位，如图 7-72 所示。

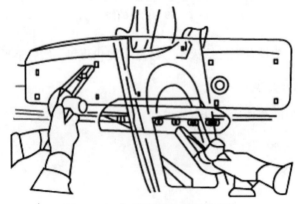

图 7-72　打磨门槛内侧焊接部位

步骤4：用电钻逐点钻除焊点，这些孔在安装新件时将用作塞焊孔，至此即可拆下门槛外板，如图7-73所示。

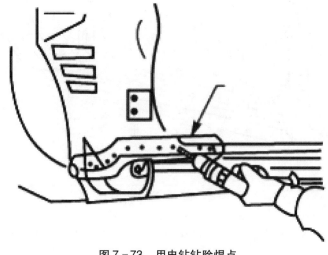

图7-73　用电钻钻除焊点

步骤5：新门槛板安装前，先在塞焊孔处涂上透焊防蚀涂料。

步骤6：在后轮罩上与门槛外板的接合部位涂上密封剂，如图7-74所示。

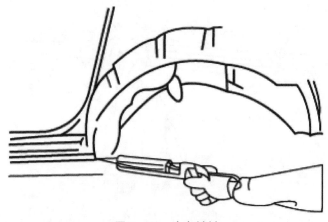

图7-74　涂密封剂

步骤7：在门槛接合面上涂敷适当的环氧树脂焊缝黏结剂。注意一定不要将黏结剂直接涂到塞焊孔处。

步骤8：对好定位孔，将新板放置到位并夹紧，如图7-75所示。

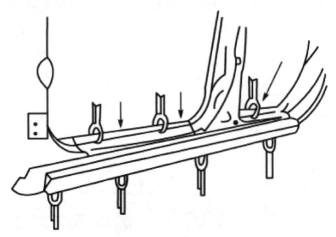

图 7-75 安装新门槛板

步骤 9：对如图 7-76 中 A～E 的部位进行钎焊，然后在孔内用 CO_2 气体保护焊进行塞焊。

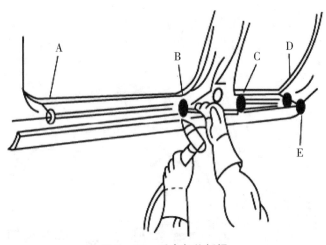

图 7-76 重点部位钎焊

步骤 10：用气动砂轮机磨平塞焊和钎焊焊迹，然后用打磨机进行打磨，再涂上接缝密封胶。

步骤 11：按照正确的方法在新安装的门槛内表面涂防蚀剂，完成安装。

三、支柱的更换

1. 前支柱的截断

步骤 1：找到支柱上端的基准孔，并由此向下测量 100 mm，在该处内侧做标记。再由此标记向上测量 60 mm，在该处外侧做标记。两标记处即作为截断线，如图 7-77 所示。

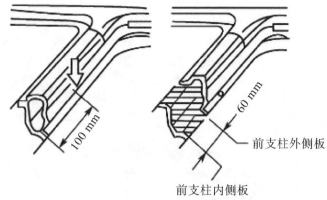

图 7-77 前支柱截断位置

步骤 2：在两根截断线处仔细截断，为了锯切准确、方便，可采用锯切夹具。这种夹具可用边脚料自制，如图 7-78 所示。

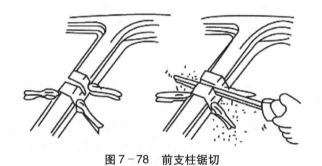

图 7-78 前支柱锯切

步骤 3：从支柱内侧仔细钻除支柱上两个切口之间和底部的焊点，卸下支柱。

2. 前支柱的安装过程

步骤 1：安装前，把约 70 mm 长的支柱内的旧泡沫充填材料清除掉，以便充填新泡沫材料，让排水软管在排水管的连接管插入时能够膨胀，如图 7-79 所示。

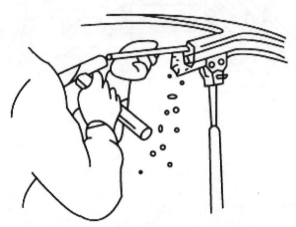

图 7-79 清除支柱内的旧泡沫充填材料

步骤2：把支柱上端截至与所需尺寸相配的对接接口。

步骤3：在支柱底座上钻出塞焊孔，塞焊将用CO_2气体保护焊进行。

步骤4：在排水软管上涂以肥皂水，使连接管插入容易，然后将新支柱安装就位。注意应保证把排水软管正确地插入支柱的排水孔，如图7-80所示。

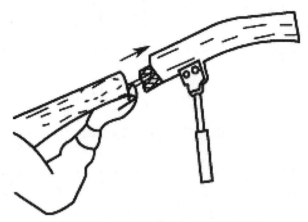

图7-80　把排水软管插入支柱的排水孔

步骤5：将支柱夹紧固定，检测其定位配合情况。

步骤6：取下支柱，仅在塞焊接合面涂上透焊防锈剂。

步骤7：在其余配合表面涂焊缝黏胶剂。

步骤8：按制造厂家的说明进行塞焊和缝焊，修整焊缝。

步骤9：由支柱内侧上部的注入孔注入泡沫材料，如图7-81所示。

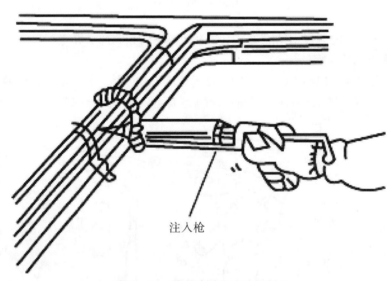

注入枪

图7-81　支柱内注入泡沫材料

步骤10：清除连接部位多余的泡沫材料。

步骤 11：焊缝部位涂双组分环氧树脂保护漆和颜色涂料。
步骤 12：在未填充泡沫材料的内表面涂防锈剂。
步骤 13：装上车门和前翼子板，检查定位质量。

任务 9　车身典型塑料板件损伤的修复

一、塑料板件受损评估

1. 塑料件的损坏类型

塑料件的损坏通常分为三种，即轻度损坏、中度损坏和严重损坏。

轻度与中度损坏一般指仅表面发生的损伤，在对损伤情况进行鉴定时一般无需拆卸部件。严重损坏通常不仅表面发生损坏，位于其后的聚苯乙烯泡沫塑料、铝合金托架等变形元件也可能已经受损，需要拆卸相关部件才能确定整个损伤范围。在发生严重变形或变形元件受损时，应以换代修。

2. 维修更换方案

通常来说，整体破碎以更换为主；对于燃油箱这类要求严格的安全构件则须考虑更换；应力集中部位也以更换为主；对于价值较低、更换方便的零件可直接进行更换；对于表面无漆面且对表面光洁度要求较高的塑料零件，如果进行修理，则会留下明显痕迹，因此亦以更换为主；对于基础零件和尺寸较大，受损形式为划痕、撕裂、擦伤或穿孔的，则以修理为主。

二、塑料件的焊接与粘接修复

1. 塑料件的焊接

热空气塑料焊接一般采用电热工具，使用喷嘴将 230℃～350℃ 的热空气喷到塑料件上。在使用热空气对塑料件进行焊接时，焊条直径如果大于被焊接塑料件的厚度，就会导致焊条熔化前塑料件过热，并产生塑料件修复后的翘曲问题，因此需使用直径较小的塑料焊条。

完成塑料件的焊接需要使用的主要设备工具有包括手套、防尘口罩、护目镜在内的个人防护用品，还包括吹尘枪、毛巾、气动打磨机、塑料焊枪、塑料焊条和汽车保险杠。

下面以桑塔纳 2000 保险杠的修复为例，说明塑料件的焊接修复程序。

（1）个人防护用品穿戴。塑料件在切割、打磨时，要注意防尘控制，最好使用吸尘式打磨装置并佩戴呼吸器、防护眼镜和橡胶手套，避免吸入打磨粉尘和树脂蒸气。

（2）保险杠焊接前处理。用气动打磨机在保险杠裂纹上进行打磨，打磨出坡口，利于塑料焊条对焊缝的填充，提高焊接质量（如图 7-82 所示）。

图 7-82 保险杠裂纹打磨

注意：在打磨的过程中防止高速转动的打磨机将保险杠磨穿，打磨后使用吹尘枪和毛巾将保险杠清洁。

（3）对热风枪进行预热：热风枪进行预热后，才能将塑料焊条熔化。

（4）对焊接底材和塑料焊条进行预热：用热风枪来回摆动对底材和焊条进行预热，加热后的底材和塑料焊条会软化，在焊接过程中可提高焊接速度，但应避免焊材长时间加热。

（5）焊接。用热风枪将焊条和保险杠基底材料黏结在一起，沿着焊接长度将焊条与基底材料形成良好熔合。将焊枪与焊条成45°角，焊条此时软化后会自动推进，不需要施加压力。随着焊枪的移动，检查焊接的质量。最后用焊接头将塑料烫平，如图 7-83 所示。

图 7-83 焊接

（6）整形。焊接烫平后的塑料，往往还不能达到最后平整的要求，需要对其整形。须使用板锉对焊接部位磨平，最后对焊接部位进行清理。

（7）收拾工具，清理工位，如图 7-84 所示。

图 7-84　清理工位

2. 热固性塑料件的粘接

（1）把受损部件清洗干净吹掉水分、灰尘后放置铺有绒毯的操作台上，如裂口、变形共同存在，则先修复变形，如碎成多块，则要拼成原形。

（2）在裂口两侧喷助黏剂，一侧裂口涂抹适量双组分胶黏剂，如图 7-85 所示。

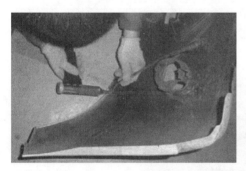

图 7-85　裂口两侧喷助黏剂

（3）裂开两侧对齐按压至接合完好，或用夹具夹好，可用热风机加热促进其干燥。

（4）胶黏剂干燥后将裂口背面用砂纸清洁干净。

（5）喷涂助黏剂后涂抹一层胶黏剂，取大小适当的粗孔纤维布覆盖胶黏剂上按压贴合，然后再涂一层胶黏剂，如图 7-86 所示。

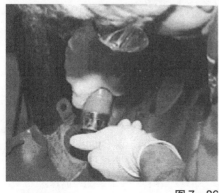
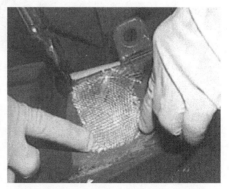

图 7-86　抹胶黏剂

(6) 在受损部位前部打磨后，均匀涂抹双组分胶，要覆盖所有裂痕。

(7) 待胶完全干燥后对维修部位进行打磨，如图7-87所示。

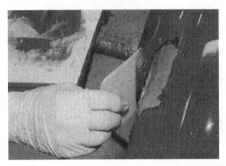

图7-87　涂抹分胶，干燥后打磨

三、密封条拆装

1. 车门密封条拆装

车门密封条是塞在车门中的。拆卸时用力拉出密封条，然后沿着密封条在车门上的缠绕方式一点一点取下密封条，安装时顺序相反。装的时候可以适当涂点滑石粉，防止橡胶件老化粘连，如图7-88所示。

图7-88　拆装车门密封条

2. 车框密封条更换

车框的密封条的形式是密封条把车框包住，拆卸时用力拉出密封条，然后沿着密封条在车门上的缠绕方式一点一点取下密封条，安装时顺序相反。装的时候可以适当涂点滑石粉，防止橡胶件老化粘连。

3. 密封条更换后检查

沿着密封条在车窗上的方向，将密封条压紧。密封条都应该在一个平面上，确保没有特别凸起的地方，如图7-89所示。

图7-89 更换、检查车窗密封条

四、车窗玻璃升降器的修理

包框车门一般采用金属框架来包住车门玻璃的侧面与顶部。该类车门有利于保持车窗玻璃对正，门框抵住车门开口形成密封。目前的车辆一般采用包框车门。

硬顶车门上的玻璃可以从车门中升出，四周无框架包裹。玻璃需要依靠自身与车门开口上的密封条完成密封，车门的基本构件参见图7-90。

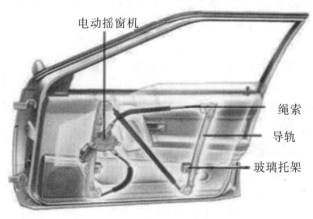

图7-90 车门构件

（1）门框是车门的钢制主体框架，其他部件（铰链、玻璃、把手等）都装在门框上。
（2）车门板是固定在门框上的外板，它由钢、铝、玻璃纤维或塑料制成。
（3）车门玻璃应有良好的能见度，可以看到车门外。
（4）车门玻璃夹框为U形，是玻璃上下移动的导轨，里面衬有低摩擦材料。

（5）门锁啮合车身上的车门锁闩以保持车门关闭。

（6）内部和外部的车门把手用连杆将操作传递给门锁，可以激活门锁，从而打开车门。

（7）车门装饰板是一块内部门框上的塑料盖板，玻璃摇把、车窗按钮、扬声器、门把手等都装在该装饰板内。

（8）车门装饰板和门框之间装有塑料或纸制的车门防尘罩，以防止风、噪声进入车内。

（9）车门密封条密封车门和车身之间的接缝，沿着车门或车门开口安装，当车门关闭后，密封条部分地压缩以防止空气和水进入。

（10）后视镜通常装在门框的外侧。有些车在内部装饰板上有后视镜遥控旋钮，可以调整后视镜。

（11）手动升降机和电动升降机。车窗玻璃升降器可以是手动的，也可以是电动的。这两种升降器非常相似，唯一的区别是手动升降器使用摇把曲柄机构，而电动升降器使用电动机驱动齿轮机构。这两种升降器的升降臂或机械机构是一样的。根据车型的不同，可以使用一个或两个升降臂。如果车窗玻璃升降器使用两个升降臂，通常称为 X 形升降器。X 形设计使用了一个辅助臂，它装在可调的凸轮或稳定器夹框中。调整凸轮可以使玻璃倾斜或摇摆，这样，它就可以上移到平行位置。

1. 玻璃升降器的常见故障

（1）玻璃震动异响。造成这种故障的原因可能是由于玻璃升降器螺丝松动，解决方法是紧固升降器螺丝。

（2）玻璃升降器卡滞。玻璃泥槽变形或损坏、升降器固定螺丝松动、导轨安装位置偏差、玻璃升降器损坏都有可能造成玻璃升降器卡滞。维修方法是清洗或更换玻璃泥槽，或松开玻璃安装螺丝，调整玻璃位置。玻璃升降器安装于车门内部，拆卸时需要先将车门上的其他部件拆掉才能拿下玻璃升降器。

2. 车门附件及玻璃升降器拆卸

完成车门附件及玻璃升降器拆卸需要使用的主要工具有：手套等个人防护用品、透明胶带、化油器清洗剂、油壶、榔头、快速扳手、T30 螺丝刀、T20 螺丝刀、接杆、10 mm 套筒、尖嘴钳、塑料撬板、十字螺丝刀，如图 7-91 所示。

拆卸车门内饰板（以爱丽舍轿车为例，其他车型大同小异）。

（1）拆卸玻璃升降器开关。用塑料撬板从开关与门把手缝隙中撬入，利用杠杆原理将玻璃升降开关撬起，并拔掉开关线束；如果使用螺丝刀完成此步骤，需要在螺丝刀上垫一块布，防止撬花周围的塑料件。

（2）拆卸后视镜装饰盖。用塑料撬板从装饰盖与车门缝隙中撬入，并利用杠杆原理将装饰盖撬起，过程中不要用力过大，时刻关注有没有断裂的声音，如图 7-92 所示。

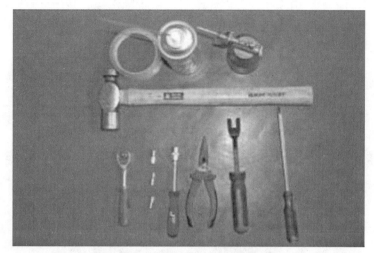

图 7-91　拆卸车门附件需要的工具

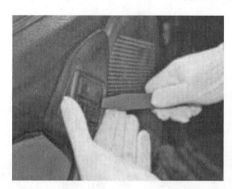 

图 7-92　拆卸后视镜

（3）拆卸扬声器装饰盖。塑料撬板从装饰盖与车门装饰板缝隙中撬入，并利用杠杆原理将装饰盖撬起。

（4）拆卸扬声器。扬声器装饰盖拆下后，用螺丝刀拆下三颗固定螺丝，并拔下扬声器音源线，取下扬声器，如图 7-93 所示。

图 7-93　拆卸扬声器

(5) 拆卸车门把手。用 T30 套筒拆卸车门把手 3 颗螺丝，其中一颗螺丝在玻璃升降开关后面；这 3 颗螺丝为车门内饰板固定螺丝。其他车型固定螺丝有的在内饰板周围，拆卸时应该仔细查找，如图 7-94 所示。

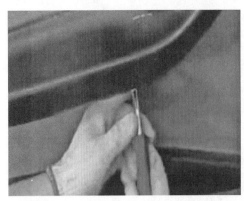 

图 7-94 拆卸车门把手

(6) 取下车门内饰板。固定螺丝拆完后，内饰板上部挂在车门上面，双手向上用力，即可取下车门内饰板。

(7) 车门玻璃拆卸。车门玻璃拆卸后才能进一步拆卸玻璃升降器。再次装上玻璃升降器开关，将玻璃固定卡簧降到车门维修窗口位置停住，取下玻璃固定卡簧。手动将玻璃提升到窗框最上面，用透明胶带固定在窗框上面，防止玻璃跌落破损，如图 7-95 所示。

图 7-95 拆卸车门玻璃

(8) 拆卸玻璃升降器固定螺丝。用 10 mm 套筒拆卸玻璃升降器螺丝，其中，升降器电机 3 颗，导轨 2 颗。

(9) 取出玻璃升降器。玻璃升降器电机与导轨之间是用软轴连接的，在狭小的空间内需要左右挪动位置，在车门维修孔中取出玻璃升降器，最后取下玻璃升降器电源线，如图 7-96 所示。

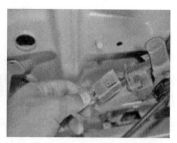

图 7 - 96　取出玻璃升降器

（10）玻璃升降器组成。车窗玻璃升降器由一组齿轮、车窗曲柄或电动机以及窗框导槽组成。手动车窗玻璃升降器使用手摇来转动升降器内的齿轮。电动车窗升降器使用一个小直流电动机来转动升降器齿轮。车窗玻璃升降器和玻璃导轨用小螺母和螺栓固定到位。玻璃用螺栓固定到升降器的上臂，也可使用铆钉将玻璃固定到升降器上。

（11）检查玻璃升降器。取下玻璃升降器后放在工作台上，检查钢丝有无毛刺和锈蚀断裂。检查过程中防止带毛刺的钢丝刺入手中，如图 7 - 97 所示。

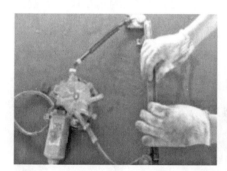

图 7 - 97　检查玻璃升降器

（12）使用清洗剂，对导轨、钢丝绳、滑轮进行清洗。清洗剂有很强的腐蚀性，使用时应戴好手套和护目镜。清洗中清洗剂喷管尽量靠近需要清洗的位置。首先对滑轨进行清洗，清洗的时候滑轨两面均要清洗到位，然后对玻璃固定架清洗，最后对滑轮等隐藏的部位进行清洗。清洗后的废物须放入垃圾桶，如图 7 - 98 所示。

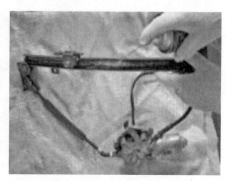

图 7 - 98　清洗导轨、钢丝绳

（13）用压缩空气将清洗过后的玻璃升降器吹干。吹干的时候，需要朝一个方向，避免清洗后的污物四处飞溅。

（14）在导轨、钢丝绳、滑轮上涂抹干净的润滑脂。涂抹润滑脂的工具一定要干净，否则有污物的工具会污染润滑脂，有污物的润滑脂会在玻璃升降器装复后，在使用中造成升降器卡滞。

（15）将车门复原。装复顺序与拆卸顺序相反。装玻璃的时候，需要两人配合，防止玻璃跌落，装复完成后需要对玻璃升降器的使用状况进行检查。升降玻璃时，检查是否有卡滞，玻璃升降速度是否正常。

（16）清理工位。

五、座椅的更换

1. 主副驾驶座椅拆卸

（1）取下头枕：驾驶内空间狭小，取下头枕后能够减小座椅的长度，更有利于将座椅搬出驾驶室。

（2）拆下固定螺栓：座椅一般使用4颗螺栓固定，本车型使用16 mm套筒即可；拆前面两颗螺栓时，将座椅调至最后，拆后面两颗螺栓时，将座椅调至最前面，如图7-99所示。

图7-99　拆卸座椅固定螺栓

（3）取下座椅：将拆掉4颗螺栓后的座椅靠背尽量往前放，方便取出座椅。

（4）装复顺序与拆卸顺序相反：有线束的座椅拆装时不要忘了连接线束，如图7-100所示。

图7-100　前排座椅的拆装

2. 后排座椅拆卸

（1）座椅垫拆卸。后排座椅通常用螺钉或簧压式卡夹固定。使用螺钉固定的座椅，拆下后部座椅螺钉后，向上抬座椅，然后向前推出座椅。拆卸使用弹性夹箍固定的座椅时，用手向下压和向前拉座椅，使座椅脱开弹性夹箍。安装时先将座椅装到位，然后向下压和向后推座椅，啮合好弹性夹箍，如图7-101所示。

图7-101 后排座椅垫拆卸

（2）座椅靠背拆卸。提起靠背上两个拉手，往前放倒座椅靠背，最后取下靠背，如图7-102所示。

图7-102 后排座椅靠背的拆卸

六、仪表板的更换

仪表板、仪表组、收音机、空调控制装置、通风装置及有关部件组成了仪表板总成。仪表板因碰撞或气囊爆开导致损坏时，需要进行修理或更换。如果仪表板的部件在碰撞时被损坏，就必须拆下进行更换。很多仪表板部件无需拆卸即可进行更换。如果仪表板的主要部件保持完好，可将需要更换的仪表组、通风装置和装饰件拆下，通风装置一般卡在安装位置，如图7-103所示。

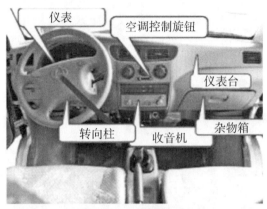

图 7-103 仪表板总成

部分固定仪表板部件的螺钉与螺栓位于仪表板顶部、侧面以及仪表板开口内这些较为隐蔽的地方，需要拆卸一部分部件后，才能找到。操作时要按照正确的顺序拆卸仪表板部件。例如，在拆下车上的装饰板以后，可以找到固定收音机和暖风或空调控制台的螺钉；收音机上面有几个小孔，可以插入一个细长工具松开卡夹，由此拆下收音机；有些固定仪表板的螺栓则位于仪表板底部。

发生严重碰撞时，仪表板内部的加强杆会产生弯曲和损坏，拆卸仪表板后才可对它进行修理或更换。更换仪表板需要使用的主要工具有：10 mm 套筒、12 mm 套筒、快速扳手、塑料撬板、收音机钥匙、螺丝刀。

下面以长安之星车型为例，对仪表板的拆装操作进行说明。

1. 拆卸空调控制面板

首先，用塑料撬板从缝隙中将空调控制面板装饰盖撬起（注意检查装饰盖上的固定卡是否都在），然后用十字螺丝刀将空调控制面板 4 颗固定螺丝拆掉，顺便可以把雾灯控制面板 2 颗固定螺丝拆掉，最后将空调控制面板往仪表板衬垫里面按，如图 7-104 所示。

图 7-104 拆卸空调控制面板

2. 拆卸收音机

将收音机钥匙插入收音机拆卸孔中，双手即可将收音机拉出来，然后拔掉收音机天线、电源线、音频线，如图 7-105 所示。

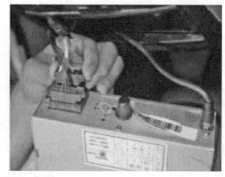

图 7-105　取出收音机

3. 拆卸雾灯控制面板

在步骤 1 "拆卸空调控制面板" 的过程中已经拆掉了雾灯控制面板固定螺钉，然后使用塑料撬板在缝隙中撬起雾灯控制面板（注意控制面板上的固定卡是否都在），最后拔掉前后雾灯开关插头、点烟器插头，如图 7-106 所示。

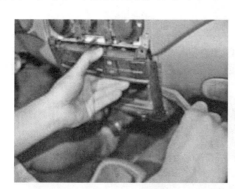

图 7-106　取下雾灯控制面板

4. 拆卸转向柱

转向柱通过 4 颗 12 mm 螺栓固定在车身上，拆掉螺栓后将转向柱放倒，为后面取下仪表和仪表板留出足够空间，如图 7-107 所示。

图 7-107　拆卸转向柱

5. 拆卸仪表

首先，用塑料撬板从仪表板缝隙中将仪表装饰盖撬起并取下；然后，用十字螺丝刀将4颗仪表固定螺钉取下；最后，拉出仪表、拔掉仪表插头。注意拔仪表插头前一定要断开蓄电池，如图7-108所示。

图7-108 拆卸仪表

6. 拆卸杂物箱

拆卸杂物箱之前一定要将里面的物品取出，防止拆杂物箱的时候物品遗落。拆卸过程如图7-109所示。

图7-109 拆卸杂物箱

7. 拆卸仪表板固定螺钉

一些固定仪表板部件的螺钉和螺栓很隐蔽，其中一些在仪表板顶部，另一些在侧面，还有的可能在仪表板开口内。因此，可能要拆下一些部件后才能找到这些紧固件。本车仪表板固定螺钉共有7颗，分布在仪表板顶部3颗，左右各1颗在扬声器装饰盖下面［如图7-110（a）（b）所示］，中间装饰盖下1颗［如图7-110（c）所示］；仪表板底部3颗，底部左右各1颗［如图7-110（d）所示］，雾灯控制面板后面1颗，杂物箱后面1颗，用于支撑仪表板，防止塌陷。

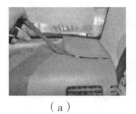 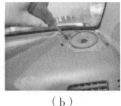  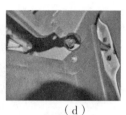

(a) (b) (c) (d)

图 7-110　拆卸仪表板固定螺钉

8. 取下仪表板上线束

引擎盖开启手柄和扬声器音频线还连在仪表板上面，将拆掉螺钉后的仪表台轻微抬起，露出方便操作的间隙即可，取下引擎盖拉线［如图 7-111（a）所示］和左右扬声器音源线［如图 7-111（b）所示］。

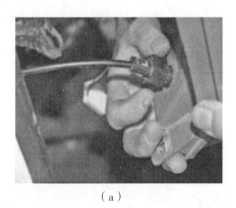 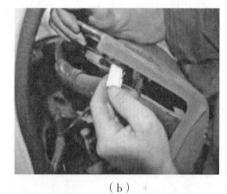

(a) (b)

图 7-111　取下仪表板上线束

9. 抬下仪表板

两人配合将仪表板从仪表板支架上抬起，拔下 3 个空调出风管，观察仪表板上面是否还有线束或者其他零件未拆下，缓慢抬起仪表板从一侧车门抬出。

抬下仪表板后的驾驶室，如图 7-112 所示。

图 7-112　仪表板取下后的驾驶室

10. 装复

装复顺序和拆卸顺序相反，记得将空调风管与出风口连接在一起。最后，测试仪表板上各开关按键是否正常工作。

11. 打扫卫生，整理工位

仪表板装复后，要打扫卫生，整理工位。

七、仪表组的更换

里程表、发动机转速表、油量表、水温表、指示灯等部件组成了仪表组。在碰撞发生后，若仪表组受损无法正常工作，则需要进行修理和更换。

修理仪表组时，首先要断开电源以防短路，此外，静电也会损坏数字式仪表内的芯片。操作时，先拆下仪表板护盖；再卸下仪表板上固定仪表组的螺钉；接着向外拉仪表组并断开导线；拉出仪表组后，从仪表组的后部对损坏部件进行更换。更换各类仪表或指示灯时，先拆开仪表组，拆下壳体上塑料透镜片，接着便可以对各种仪表和指示灯进行更换了。

复装时，依照拆卸的相反顺序安装仪表组部件，将所有线束都连接至仪表组上。安装完成后还须检查仪表板照明灯和各个仪表的工作情况。

下面以金杯皮卡为例，介绍如何更换仪表组。更换仪表组需要使用的主要工具有手套、十字螺丝刀、塑料撬板。

1. 方向盘放到最低

通过方向盘调整杆，将方向盘高度调节到最低位置，有利于仪表组的取出。

2. 拆掉仪表装饰盖螺丝

共4颗螺丝，转向柱左右各2颗，如图7-113所示。

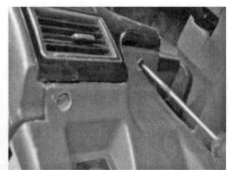

图7-113 拆卸仪表装饰盖螺丝

3. 取下仪表装饰盖

此装饰盖较长，塑料撬板须从几个方向进行作业。

4. 取下仪表装饰盖插头

如图7-114所示，左边为后视镜调节插头，右边为雾灯和电加热插头。

图7-114 取下仪表装饰盖插头

5. 拆卸仪表固定螺钉

仪表由4颗螺钉固定，取下固定螺钉后拉出仪表。

6. 取下仪表

取下仪表电源线和信号线插头，拿出仪表。

7. 装复仪表

仪表装复顺序与拆卸相反，如图7-115所示。

图7-115 装复仪表

八、热固性塑料擦伤、撕伤和孔洞的修复方法

1. 划痕与裂纹修理

塑料件产生较轻微的划痕或裂纹如图7-116（a）所示，对这类损伤采用胶黏剂进行修理是较简单而实用的方法。对划痕或裂纹进行胶黏剂修理可按以下步骤进行。

（1）打磨、清洁损伤部位修理塑料件的划痕或裂纹。首先用打磨工具将损伤表面的喷涂层打磨干净，之后将划痕或裂纹部位擦洗干净。

（2）黏结修理。损伤部位打磨清洁以后，在打磨后的划痕或裂纹表面刮涂胶黏剂。待胶黏剂干透硬化以后，将胶黏剂打磨平整，接下来即可进行表面喷涂颜色了，如图7-116（b）所示。

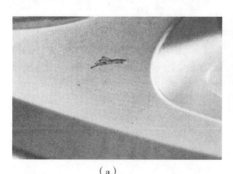

（a） （b）

图7-116 塑料划痕及其打磨、涂胶、打磨

2. 撕裂和刺破的修理

（1）对损伤部位打磨、清洁及开坡口。

打磨：在对撕裂或刺破损伤修理前，应将损伤表面彻底清洗，如图 7-116（a）所示，然后擦干。接着可对损伤区域进行打磨，在打磨正面的同时还须将背面一起打磨干净。

开坡口：清洗打磨以后，使用 80 目的砂纸打磨损伤部位的两面，清除油漆，并沿着缺口打磨出 V 形凹槽，如图 7-116（b）所示。也可用美工刀切割出坡口，以有利于涂上黏结促进剂。为了提高黏接力，可在缺口的周围钻几个小孔。

图 7-117 塑料撕裂、刺破损伤的清洗、打磨、开坡口

（2）黏结修理

背面处理。在修复前先剪一块比撕裂大的加强网为以后覆盖在塑料件背面作增强用，如图 7-118 所示。

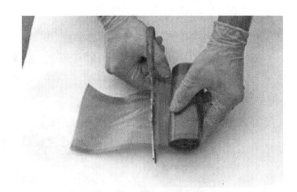

图 7-118 剪加强网

涂胶黏剂。背面的处理结束后，装上静态混合胶嘴，在先前剪好的加强网上打上混合后的胶黏剂，如图 7-119 所示。

图 7-119　在加强网上打胶黏剂

打胶后迅速将带有胶的加强网覆盖在保险杠背面损伤的部位。轻轻挤压让胶流到正面。

将塑料膜覆盖在保险杠正面的胶上，轻轻挤压使胶覆盖住损伤的部位，如图 7-120 所示。以上操作须在 2 分钟内完成。

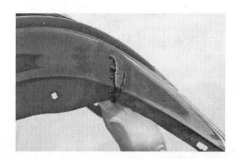 

图 7-120　损伤塑料件背面覆盖加强网，正面覆盖塑料膜

等待约 15 分钟干燥时间。用 80～180 目的砂纸逐渐打磨修复区域，直至平整表面。使用原子灰补平表面直至表面光滑，如图 7-121 所示，最后进行表面补漆。

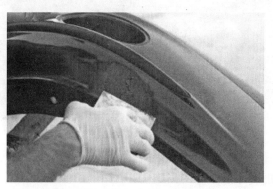

图 7-121　打磨、补灰

项目 8　汽车车身损坏分析、测量与校正

任务 1　汽车车身损坏分析

汽车在发生碰撞事故以后，为了车身损伤的维修工作又快又好地完成，车身维修工作必须有据可循，既遵循规律，还富有技巧。不过在此之前，首先必须对车身受损部位的位置和程度、状态进行详细检查，对碰撞损坏情况做出精确的判断，掌握损坏的程度、范围信息，确定所有受损部件，并在此基础上制订科学详细的维修方案。

一、碰撞对汽车损坏的影响

1. 影响碰撞损坏的因素

汽车碰撞时，产生的碰撞力及受损程度取决于事故发生时的状况，如图 8-1 所示。修理人员应当考虑以下因素对碰撞损坏的影响。

（1）被碰撞汽车的尺寸、构造和碰撞位置。

（2）碰撞时汽车行驶的速度和方向。

（3）碰撞物的差异。

（4）碰撞时汽车上乘员、货物的数量及位置。

图 8-1　事故车辆

2. 碰撞的位置高低对碰撞损坏的影响

当发生碰撞时，驾驶人猛踩制动踏板，则损坏汽车的前部。若碰撞点在汽车前部较高部位，就会引起车身和车顶后移及后部下沉；当碰撞点在汽车前部下方，因车身惯性使汽车后部向上变形，车顶被迫上移，在车门的前上方与车顶板之间形成一个极大的裂口，车

顶板会产生凹陷变形，如图 8-2 所示。

图 8-2　不同碰撞位置造成不同的车损

3. 碰撞物不同对损坏的影响

车辆以相同的车速碰撞，如果被撞击的对象不同时，车辆损坏程度差异就很大。汽车撞上墙壁，其碰撞面积较大，损坏程度就较轻。相反，撞上电线杆，因碰撞面积较小，其撞坏程度就较严重，例如，汽车保险杠、发动机罩、散热器和其框架等部件都严重变形，发动机也被后推，碰撞影响还会扩展到车身后部的悬架等部位，如图 8-3 所示。

图 8-3　碰撞物不同引起的车损

4. 行驶方向对碰撞损坏的影响

当横向行驶的汽车撞击纵向行驶汽车的侧面时，纵向行驶汽车的中部会产生弯曲变形，而横向行驶的汽车除产生压缩变形外还会被纵向行驶的汽车向前牵引，导致弯曲变形，如图 8-4 所示。横向行驶的汽车虽然只有一次碰撞，但损坏却发生在两个方向，在十字路口碰撞中，这种情况常常见到。另外，也可能有两种碰撞而损坏却发生在一个方向上的情况。

图 8-4　行驶方向不同引起的车损

5. 车辆类型不同对碰撞损坏的影响

不同类型的车辆碰撞时，产生的变形也不一样。碰撞车辆质量越大，被碰撞车辆的变形越大，如图 8-5 所示。

图 8-5　与不同类型的汽车，车损不同

一辆汽车与另一辆汽车相撞后，还可能再次发生碰撞损坏，因此就会产生不同损坏类型的组合。在评估前，应尽可能多了解事实真相，确定事故的实际发生过程，结合实际的测量才能制订出修复的具体步骤。

二、检查容易损坏变形的部位

1. 汽车前部碰撞变形

汽车的质量、速度，以及碰撞范围和碰撞物都会影响到对前部碰撞的冲击程度。当碰撞程度较轻时，保险杠会被推向后方，同时，前纵梁、保险杠支撑、前翼子板、散热器支座、散热器上支撑和发动机罩锁紧支撑等部件产生变形。当碰撞程度较为严重，前翼子板就会发生弯曲、触到前车门，同时，发动机罩铰链也会向上弯曲到前围上盖板处、前纵梁弯曲到固定前悬架的横梁处并导致其一同弯曲。在碰撞力量足够大的时候，前挡泥板和车身前立柱，尤其是前门铰链将会发生弯曲，令车门松垮掉落。除此之外，前纵梁也会产生折皱，前悬架构件、前围板与前车门平面也会发生弯曲，如图 8-6 所示。

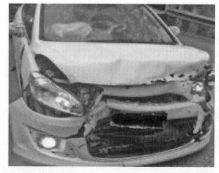

图 8-6　汽车前部碰撞变形情况

2. 汽车后部碰撞变形

当汽车后部受到碰撞时,其受损程度由碰撞面的面积、碰撞时的车速、碰撞物和汽车的质量等因素决定。若碰撞力较小,则有可能令后保险杠、后地板、行李箱盖和行李箱地板发生变形。若碰撞力大,相互垂直的钢板会发生弯曲,后顶盖顶板也会塌陷到顶板底面处。四门汽车的车身中立柱也可能发生弯曲,如图 8-7 所示。

图 8-7　汽车后部碰撞变形情况

3. 汽车中部碰撞变形

如果是侧面碰撞,那么车门、前部构件、车身中立柱和地板均会发生变形。若中部侧面碰撞较为严重,则车门、中立柱、门槛板、顶盖纵梁都会产生严重弯曲,严重的时候,未被碰撞一侧的中立柱和顶盖纵梁也有可能朝碰撞的反方向发生变形。如果碰撞力增大,车辆前部和后部就会产生和碰撞方向相反的变形,整辆车会弯曲成近似"C"的形状。如果前翼子板或顶盖侧板受到来自垂直方向的较大碰撞力,振动波会传递到汽车与碰撞力相反的一侧。如果前翼子板的中心位置受到碰撞,那么前轮会被推向内处,振动波也会自前悬架处的横梁传到前纵梁。这样一来,悬架元件就会发生损坏,前轮的中心线和基线也都会变形。如果发生侧向碰撞,那么转向装置的连杆和方向机也将遭到损坏,如图 8-8 所示。

图 8-8 汽车中部碰撞的变形情况

4. 汽车顶部碰撞变形

当汽车顶部被坠落物体砸中时，车顶钢板会受到损伤，车顶纵梁、后顶盖侧板和车窗也有可能同时受损。如果汽车发生翻滚，则车顶板、立柱、车下部的悬架会发生严重的损坏，悬架固定点的部件也会受损，如图 8-9 所示。

图 8-9 汽车顶部受损

三、制订碰撞修复方案

1. 碰撞修复的概念

汽车碰撞损坏修复的主要过程通常是：校正车身的弯曲、扭转等变形板件，更换严重损坏的板件，以及调整装配车身部件等。在按程序修复之前，先要对碰撞损坏的车辆进行全面、细致的损坏评估。当损坏的汽车被送进车身修复车间时，有关修复的技术资料，如损坏情况评估、修理工艺和工作命令等文件也应送到车身修理人员手中，车身修理人员在按照这些书面指示进行工作时，也可能找到一些未被发现的损坏，或认为对某些损坏评估过低，这就需要对汽车的损坏情况进行补充诊断和重新评估。

2. 汽车碰撞诊断的基本步骤

（1）了解受损汽车车身结构的类型。如图 8-10 的受损车辆为承载式车身。

图 8-10 受损车车身结构类型

（2）目测确定碰撞的位置。如图 8-11 的受损位置为车辆左前侧与车顶。

图 8-11 确定受损位置

（3）目测确定碰撞的方向及碰撞力的大小。如图 8-12 的车辆为追尾碰撞，受力方向为纵向（向后），左前纵梁因为直接撞击，有变形，车前部钻进货车货箱底部导致前挡风玻璃与顶棚有损伤，此事故为轻微碰撞，全气囊未弹开。

图 8-12 判断碰撞方向及受力大小

（4）确定受损部件。确定损坏是否限制在车身范围内，是否还包含功能部件或元件的损坏，如车身、车架、发动机等。图 8-13 所示车辆引擎盖凹陷，挡风玻璃破裂，顶棚凹陷；大灯总成损坏；保险杠破裂；翼子板及前门破裂，左前纵梁变形。

图 8-13 判断受损部件

(5) 确定间接受损部位。拆解后沿着碰撞能量传递路线一处一处地检查部件的损坏情况，直到没有任何损坏痕迹的位置为止，如图 8-14 所示。

图 8-14 间接受损部件

(6) 制订维修方案。图 8-13 所示车辆碰撞后纵梁变形，需要进行拉伸校正；需要更换的零部件有：前保险杠、保险杠支架、左前雾灯、左前大灯及支架、左前翼子板及翼子板内衬、左前门及后视镜、引擎盖、前挡风玻璃、顶棚。

四、检查方法

汽车在发生碰撞后，根据车辆的车身类型、车身受损部位的位置和状态做仔细分析，采用目测检查方法、综合检查方法等，对车身损伤进行仔细的检查后，才能对碰撞损坏做出精确的判断，掌握损坏的程度、范围和找到受损的所有部件，在此基础上，制订准确和科学的维修方案，提高车身维修效率和经济效益。

1. 目测检查方法

目测方法检查车身损伤，通常检查的部位是板件的连接部位、零件的棱角和边缘部位。如果存在损伤，这些部位会出现错位断裂、板件裂缝、起皱、涂层有裂缝或剥落、有锈蚀等现象。通过观察和简单测量车门、翼子板、发动机罩、行李箱盖、车灯与车身之间的配合间隙是否均匀，尺寸是否符合车身维修手册，开关车门是否顺畅等来检查车身的损伤情况。

2. 综合检查方法

只依靠目测方法来检查车身损伤是无法准确掌握车身变形情况的，对车身维修方案的制订不能提供充分的数据资料。检查车身损伤，应该通过目测来配合必要的、可靠的设备进行综合检查，其基本流程如下所述。

（1）从有无车架判断出汽车是哪一种结构形式（全车架式、部分车架式、承载车身式），继而根据车身的变形情况，及依据不同车身类型的不同变形形式综合进行判断。

（2）根据汽车碰撞时产生的伤痕，通过目测来确定碰撞点。

（3）根据碰撞点伤痕的位置、形状和波及范围，分析碰撞力的方向及大小。

（4）根据碰撞力的作用点、大小和方向，确定损坏是局限在车身上，还是涉及其他机械部件，如车轮、悬架、发动机等；沿碰撞力作用路径检查受损部件，直到无损坏处。

（5）利用测量工具或设备，对车身主要部位进行测量，将实测的车辆车身尺寸与车身维修手册的标准值加以对比，找到误差，判断损伤程度。

（6）检查悬架及整车的其他系统。

五、注意事项

（1）汽车进入车间后，首先要处理汽车上碎玻璃棱边及锯齿状金属。锯齿状的金属刃口要贴上胶带纸，最好用砂轮机或锉刀将其磨平。

（2）如有变速器油或润滑油等泄漏，一定要将其擦净。

（3）在开始切割及焊接之前，务必将储气罐移开，防止气罐漏气引起爆炸。焊接前要断开车载电脑连接，防止焊接大电流损坏电脑。

（4）拆除电气系统时，先要卸下蓄电池负极电缆，切断电路，以免突然点燃易燃气体，同时也保护了电气系统。

（5）在进行损坏诊断时照明应良好。如果功能件或机械部件损坏，需在举升机或校正台上进行细致的检查。

任务 2　汽车车身损坏测量

一、测量的意义与重要性

要想确定车辆的受损范围，就需要对车身结构了然于胸，熟知碰撞时力的传递线路和车身损伤变形的倾向，然后对钣金件之间的间隙均匀程度、车门开关时感觉是否正常、油漆层开裂程度等信息进行测量，并获取数据。二维的测距法和三维的坐标测量法是两种获取车身变形点数据的主要方法。对承载式车身和非承载式车身的测量，都是修理过程中必不可少的重要环节，尤其是现代轿车一般采用承载式车身结构，悬架系统、发动机总成、变速器等都直接或间接安装在车身上，若损伤修理不到位，则会对车辆的安全性、平顺性、舒适性等造成影响。因此，精确测量在整个维修过程中都具有十分重要的地位，成为影响车身修理质量的关键因素。在进行车身测量时，首先需要了解车身上较为重要的部位有哪些；还需要预判车身上的每个点在发生变形后，假如没能被发现或修复不到位，将会出现怎样的后果。通过对这些部位所带来的各不相同的危害程度进行判断，在测量时才能分清主次，做到有据可依。一般来说，前后桥的固定点和减震支座固定点可直接引发车轮的定位参数及轴距长短；跑偏、转向发沉、轮胎非正常磨损等一系列故障的原因，往往就是上述这些点没有恢复到原有位置。发动机、变速箱固定点变形，车辆行驶时就会发生车身共振、发动机机抓垫过早损坏、半轴脱开或过早损坏等情况；转向机固定点的变形，将导致转向失灵、转向角偏差、连杆球头及齿轮齿条过度磨损等故障。这些都是测量时需要关注的重点，必须将这些点修复到位才能令车辆再次恢复正常行驶的状态。车身测量通常贯穿于车身修理作业的始终，通常可分为作业前、作业中和竣工后三个阶段：作业前的检测目的是确认车身损伤范围、变形方向及损伤程度，以便制定修理方案；修理过程中的检测目的是对修复质量进行实时控制，避免反复拉伸或矫正过度；竣工后的检测目的是为验收和质量评估提供可靠数据。

二、测距法常用测量工具及使用注意事项

测距法也称为两维测量，其常用的工具有钢卷尺和轨道式量规两种。测距法可以直接获得定向位置上点与点之间的距离，也就是所谓的点对点测量，它通过测量某个点相对于车身的位置状态以判别损伤程度及方向。它是最简单、快捷、实用的一种测量方法，但相对于坐标测量法，其精度低、误差大，仅适用于那些要求不高的场合。测距法通常只能体现测量点相对于车身其他点的纵向（长度）和横向（宽度）位置状态。而在垂直面上，则很难将采集到的数据进行量化，除非采取一系列的辅助手段，或通过一系列的换算（如勾股定律）才能得到数据，但操作和换算复杂，数据误差较大。

1. 钢卷尺

图8-15 钢卷尺

钢卷尺（图8-5）体积小、便于携带，是检测车身尺寸时使用频率最高的一种工具。钢卷尺也称钢盒尺、拉尺，通常由外壳、制动开关、盘式弹簧和带有刻度的尺带几部分组成，也称钢盒尺拉尺。钢卷尺在使用时，应注意以下几点：

(1) 选择带有合格证标签的钢卷尺。

(2) 测量时，应佩戴线手套，以免被锋利的钢卷尺带划伤。

(3) 使用带有制动开关的钢卷尺时，拉出前要松开制动开关，达到并超过被测量点一定距离时关闭制动开关，用完后松开制动开关，卷尺自动收回。

（4）尺带只能卷，不能折。

（5）尺带应缓缓拉出，不能用力过猛，用完后徐徐退回。

（6）尺带表面镀有铬、镍或其他涂层，应保持清洁，测量时不能与其他被测物体产生摩擦，以免划伤。

（7）钢卷尺用过后，用软布将刻度尺擦拭干净，并用干净的机油将表面润湿，不要放在潮湿或有酸性气体的地方，避免锈蚀。

2. 轨道式量规

两个被测量点中间有障碍物，钢卷尺无法直接量取间距时，可采用轨道式量规进行测量。当两个被测量点不在一个平面，上下高度存在位差，或数据图给出的是两个点的垂直距离时，也应该使用轨道式量规。轨道式量规也称简易测量尺，它由一根带有刻度的横尺、可以滑动的模块和量脚（探针）组成，常用材料为铝合金。轨道式量规可以根据不同位置，将量脚探入测量点，应用起来非常方便、灵活。使用轨道式量规进行测量时，应注意以下几点：

（1）初次使用或使用一段时间后，需要对测量尺进行校准。校准时，先将一个装有探针的模块放在横尺的零点位置，另一个探针放在整数位置。使用钢卷尺测量两个探针的头部，查看间距是否与横尺上的数据相符，如果不相符应及时更换或修复损坏的相关零部件。

（2）测量时，横尺应该尽量与车身平行，如图 8-16（a）（b）（c）所示。

（a）横尺与车身平行

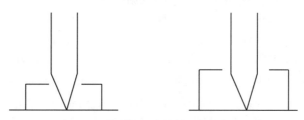

（b）量脚头部接触到内侧钢板

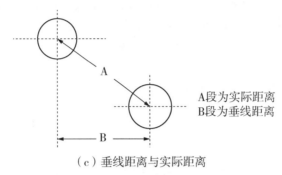

(c) 垂线距离与实际距离

图 8-16 轨道式量规的使用

(3) 车身上的测量点多是以圆形的螺丝孔、工艺孔的形式存在。当测量点的孔径较大，或者探针量脚的头部接触到测量孔的底部时，应将测量点改为测量孔的边缘部分。

(4) 两点不在同一平面时，轨道式量规的测量值为垂直距离，与钢卷尺测量的实际距离有较大的区别。

3. 测量数据获取方式

(1) 标准参数法：是以图纸和技术文件中的参数来体现基准目标，以此为基准对车身尺寸定位进行测量。标准参数法可以准确评估变形和损伤，是测量工作中最常用的一种方法。其中，车身数据图是获取车身各部尺寸的最佳途径，由生产厂家直接提供，它详细标注了车身主要控制点的位置、数量以及尺寸。厂家提供的车身数据多为点对点之间的直线距离或垂线距离，因此，使用钢卷尺和轨道式量规即可满足测量要求。使用车身数据图（图 8-17）作为测量依据时，应正确选择车型、生产年代等。

(2) 对比法：是指采集相同汽车车身的位置参数作为依据的标准进行测量。这种方法误差大、可靠性差，而且有一定的局限性。采集数据前，应确保所选车型、年款、排气量等完全符合要求。为确保采集数据的准确，可以通过增加测量台数来提高依据标准。运用对比法时，需要操作者根据情况采集相关数据，因此，选择测量基准点显得尤为重要。选择测量基准点通常应遵循以下原则：①确认测量基准点没有变形，如果不确定，尽量从比较坚固的车身中部选择。②尽量选择同一平面上且容易使用工具进行量取的点。③利用车身或车架上已有的基准孔，找出所需的定位参数值。④以基础零件和主要总成在车身上的正确装配位置为依据。

(3) 利用车身的对称性原则测量、获取数据。在没有可供参考图纸和车身作为对比标准的情况下，可以利用车身结构对称性原则，通过对角线比较法和长度比较法进行测量。这种方法仅适合于损伤程度不大的变形，有时还需要综合目测法、构件验证法、车轮定位参数法等才能判明损伤。如车身前部纵梁损伤变形，矫正后需要安装副车架（元宝梁）等基础件，然后再根据覆盖件的间隙是否均匀、缝隙整体偏大还是偏小，以及车轮定位参数是否正确等进行验证。这种方法很难在维修之前就能判断出变形点的具体损伤程度，维修方案也可能在修理过程中随时调整，对维修技师的技能、经验要求也较高。采用这种方法时，应注意以下两点：①车身或车架上有些点并不对称；②长度、对角线相同，

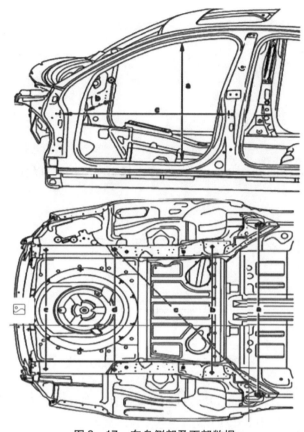

图 8-17 车身侧部及下部数据

测量点也可能不在原始位置，如图 8-18 所示。

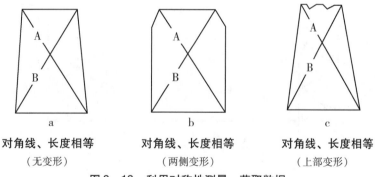

a
对角线、长度相等
（无变形）

b
对角线、长度相等
（两侧变形）

c
对角线、长度相等
（上部变形）

图 8-18 利用对称性测量、获取数据

4. 测量方法

车身上的控制点通常是螺丝孔、工艺孔，根据形状划分主要有圆孔、方孔、椭圆孔等。测距法测量的尺寸就是孔的中心到另一个孔的中心距离，如图 8-19 所示。

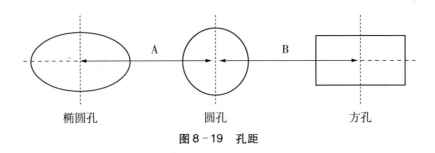

图 8-19 孔距

使用钢卷尺测量孔的间距时，可从孔的边缘开始测量，以便于读数，如图 8-20 所示。

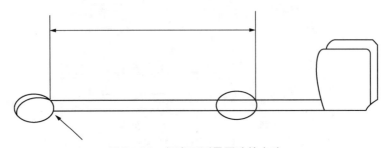

图 8-20 钢卷尺测量圆孔的方法

如果两个测量孔的直径相同，边缘间距即是孔距。如果测量孔径不同，则需要根据孔的直径大小进行换算，如图 8-21 所示。

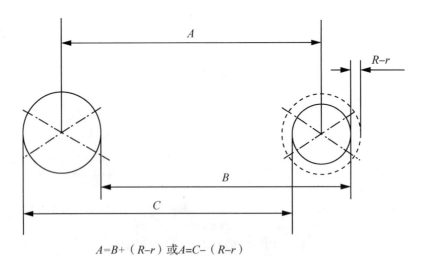

$A=B+(R-r)$ 或 $A=C-(R-r)$

图 8-21 孔径不同时孔距的换算

使用轨道式量规进行测量时，量脚的头部为锥形结构，锥形量脚可自行定位在孔的中心位置，所以测得数值就是两孔中心距，即使两个被测孔的孔径不相等也不受影响。当孔径大于量脚直径，或者锥头部位接触到孔的内侧钢板时，可以按照上述钢卷尺的方法量取，如图 8-22 所示。

图 8-22　利用轨道式量规测距

如果测量点为六角形螺丝，测量时可以微微松开并转动螺丝，分别使螺丝六角形中的两条线与连线垂直，然后使用钢卷尺从螺丝的边缘测量，以便于读数，如图 8-23 所示。

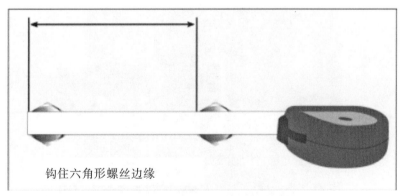

钩住六角形螺丝边缘

图 8-23　测量六角形螺丝间的距离

如果两条螺丝头部的六角大小不一，也应该进行换算。使用轨道式量规测量六角形螺丝时，应尽量拆除螺丝，以便量脚插入孔中进行量取，或是按照上述方法，分别转动螺丝使其中的两条线与连线垂直，然后测量螺丝的边缘即可。

有些比较先进的轨道式量规配备了很多附件，如带有磁力的测量头，这样在测量车身底盘时，只需将测量头吸附在车底位置，即便测量较远的距离一个人也可以轻松操作。另外还有各种型号的锥形量头以及塑料六角套筒等，这样无论是在测量螺丝孔还是螺丝的时候，都能使测量数据更加精确，如图8-24所示。

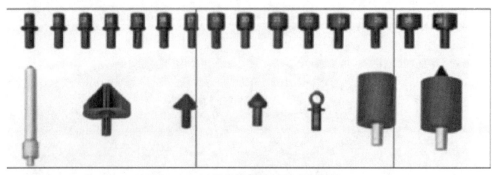

图8-24 带各种附件的轨道式量规

5. 测量误差控制

承载式车身修理中，允许误差要求不超过±3 mm，非承载式车身误差要求不超过±5 mm。这就要求我们应尽可能将测量误差控制在最小范围内，特别是防止因累计误差的增加而影响最终的修复质量。在进行车身测量时应注意以下几点：

（1）参数值最好一次测得，尽量避免分段量取。

（2）测量尺寸越长，精确度越高。

（3）钢卷尺使用前，检查刻度尺头部与限位器的铆接点是否有松动现象，如图8-25所示。

图8-25 检查钢卷尺头部

（4）为降低测量误差，可以将钢卷尺头部进行适当的加工，如图8-26所示。

图 8-26 钢卷尺头部加工

（5）选择便于使用的测量工具。

（6）利用钢卷尺测距时，应将尺带拉直，不能弯曲，中间不可被障碍物阻挡。

（7）利用钢卷尺测距时，为提高测量精度，可以选择整数位置作为起点。

（8）不要进行过多的测量，避免引起混淆。如车辆前端轻微的碰撞，撞击力不会穿过车辆的中心，因此，后部的测量就没有太大的必要。

三、三维测量

目测法可以对车辆的损伤程度和范围进行大概的判断，两维测量能够测量出控制点的长度、宽度值，但是，高度数值只有通过三维测量才能作出精确的判断。车身测量工作对于修复损伤工作成功与否至关重要，只有采用精确的三维测量才能对一些大、中型事故车的维修质量作出保证。在传统的车身修复过程中，有经验的车身维修技师会使用钢卷尺、简易测量尺获得车身控制点的长度、宽度，再根据钣金件的间隙是否均匀、车身线是否平齐、车门开关时的感觉等一系列外部感官表现来对车身立柱、底盘等相对于车身的高低情况进行大概的判断。车身前部位置的高低可以在长度和对角线比较法的基础上，通过两侧前立柱上部的工艺孔分别与车身前部的距离进行测量、对比和换算来进行诊断，如图 8-27 所示。这些方法要求维修技师具有较丰富的经验，并且这种测量的过程较为繁琐、精度较低，车身一些部位的形状较为复杂，无法采用这种方法进行测量。

随着当前电子技术的不断发展，各种传感器与计算机的普遍推广，在各类机械测量系统基础之上，各种电子测量系统相继问世，令车身测量工作变得更加准确、高效，尤其是机械式三维测量系统的出现令车身测量工作变得既迅速又可靠。

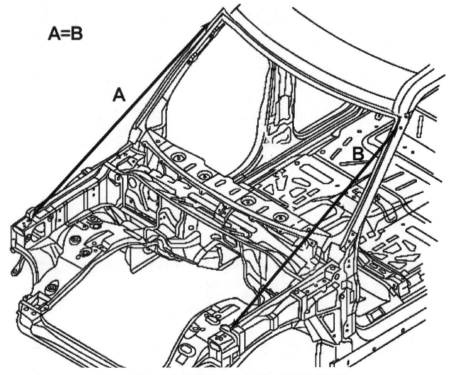

图8-27 利用两侧前立柱上的工艺孔测量距离

1. 三维测量的基准原则

主机厂给出的车身数据通常是点对点的直线距离。在进行测量时，只需按照图纸提示，以其中某一控制点作为测量基准即零点，由此就能获取两维数据。而车身上的每一个控制点，都有对应自身空间坐标的长度、宽度和高度数值，这三个数值表明了控制点的特定位置。因此在进行三维测量时，同样需要找到零点。车身三维数据是通过对车身进行实际测量而获得的，由设备生产商提供。进行测量的操作人员在读取三维数据图时，需要仔细检查和确认图中的车型、年款等信息与所测车辆是否一致，还需理解图中每一数字及符号所代表的控制点位置和所代表的意思。

（1）基准面。基准面是一个假设的平面，可以看成是与车身底板和下门槛平行的一个表面，如图8-28所示，它是获取车身高度尺寸的基础。设备商在采集车身三维数据时，会根据其设备特点将基准面的高度进行调整。因此，就算是同一款车，不同设备商所给出的车身高度值也并不一样。在对基准面进行确定时，假如采取机械式测量系统，即可将基准面的高度进行整体调整，由此减少反复确定车辆基准面的重复性工作。在读取其他工艺孔或控制点的高度数值时，只需要相应的增加或减少基准面高度即可。一般来说，基准面高度增加则读取数据更方便，车身底盘和矫正架之间也会获得更多的维修空间，不过其测量精度相对要低，拉伸时容易发生夹具变形。

（2）中心面。中心面是一个具有空间概念的假设的平面，可把车身沿长度方向分为相等的两半。车身左右两侧的控制点一般沿这一平面对称分布，所以，所有宽度方向的数

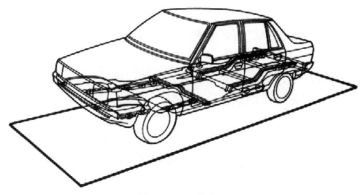

图 8-28 基准面

据,都是以中心面作为测量基准。车身左右两侧的控制点或工艺孔大多都是对称的,不对称的情况将会在三维数据图纸中呈现出来。在利用机械式通用测量系统来确定中心面时,第一步是要在靠近车身中部底盘的前端左右位置,分别找出尚未变形的两个测量孔,把底部测量头对准测量孔,检查横尺上的宽度数值,同时左右调整米桥尺,直至两个宽度读数一致,与标准数据相符。第二步是从车身中部底盘的后端左右位置找出另外两个测量孔,并重复上述操作,通过左右对称的两对测量孔即可确定车辆的中心面。

在利用定位夹具测量系统来确定中心面时,第一步是在举升架上把车辆升起,接着按照图纸要求,将车身中部的 4 个定位夹具安装至矫正架上,并推到车辆下部,慢慢将车辆放下或把矫正架升起,同时注意观察并移动矫正架,令矫正架的中心面和车辆中心面对齐,至车辆完全落下,即可确定中心面。

(3) 零平面。可以将汽车车身分为发动机舱、驾乘室和行李箱三大部分,这三大部分的基准面就是零平面,如图 8-29 所示。相比而言,其中驾乘室具有足够的强度,在车辆发生碰撞时,所受影响最小,因此在进行三维测量时,一般采用车身底盘中部的控制点作为测量长度的基准。

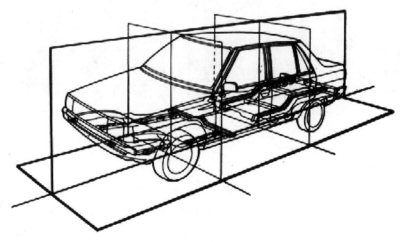

图 8-29 零平面

选择三维测量基准点时通常应遵循以下原则：

第一，尽量选择车身底盘中部4个角上的点作为测量基准。如果基准点之间的距离较近，测量精度将会受到影响。

第二，如果车身底盘中部的点发生变形损伤，可以选择底盘前部或后部的控制点作为测量基准。如严重的正面碰撞导致车底板前部变形，可以选择底盘中部后侧的两点和车身后部的点作为测量基准。

第三，底盘基准点发生变形使基准点少于4个时，应进行初步矫正，直至有4个测量基准。基准点的长度、宽度和高度数据，调整时应仔细确认，如果有误差，车身前后部的数据误差将会增加。

第四，测量系统在长期的使用过程中，测量尺、定位夹具有可能会出现磨损或变形，导致测量精度降低。使用一段时间后，应及时进行校验或更换。

2. 机械式测量系统

（1）定位夹具测量系统。车身制造过程中，所有金属板件都固定在专用模具上，以便快速、精确地进行定位、组装、焊接等工作。定位夹具测量系统就是利用这种原理，根据车身上主要测量点的三维尺寸，制造出包含主要控制点的测量定位夹具，也称量头。车辆碰撞后，可以通过车身上的控制点是否与专用定位夹具相吻合，来判断车身是否发生变形。事故车辆在修理过程中，只要将每个控制点的位置矫正到与专用定位夹具完全吻合，就可以确定车身尺寸已经恢复到位。定位夹具测量系统可分为专用型和通用型两种，如图8-30所示。专用型的定位夹具优点是专用性，针对每一款车身都有一套专用测量头，可以快速、精确地修复车身，适用于4S店和专修店，但每款定位夹具只适合于一款车型，而不是所有车型。通用型的定位夹具在长度、宽度和高度数值上可以调整，适合于任意车型。

专用型　　　　　　　　　　　　通用型

图8-30　定位夹具

定位夹具具有以下优点：

第一，能够直观判断出损伤变形的程度、方向。如果车身上的控制点与定位夹具不吻合，就必须对其进行校正。所有控制点与夹具吻合后，汽车上的转向系统、悬架、发动机装置等也就在正确的位置上了。

第二，具有测量功能，同时起着固定车身的作用，通用型定位夹具在矫正时可以作为拉具。

第三，当变形点与定位夹具吻合后，应及时进行锁定，避免拉伸其他部位时再次发生变形，减少重复工作。

第四，可以满足钣金件更换时的定位要求，避免焊接变形。铝质钣金件更换时需要采用粘接、铆接的方式，这样结构胶可以有足够的固化时间。

第五，可以采用多点固定的方式，有利于矫正时的力量分散。

（2）机械式通用测量系统。如图8-31所示，机械式通用测量系统一般可分为门式测量系统和米桥式测量系统，测量尺通常为铝合金制成。机械式通用测量系统是目前在车身修复中被广泛使用的测量系统，相对价格低廉，测量直观，测量精度能满足车身修理的要求。机械式通用测量系统使用时，首先要在车身底盘中部找到基准点，确定车身的基准面、中心面和零平面。然后在测量桥或测量架上安装好横尺，将测量头安装在横尺上，就可以同时测量受损车辆上的多个控制点。通过实际测量数据与标准数据相比较，能很快确定各个控制点所处的位置是否变形。

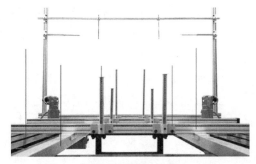 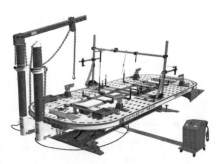

门式通用测量系统　　　　　　　　米桥式通用测量系统

图8-31　机械式通用测量系统

3. 电子测量系统

（1）超声波测量系统。超声波测量系统在现在的电子测量系统中应用较为广泛。其测量相对稳定精确，能够瞬时测量，且操作简便、工作效率较高，能为车辆的预检、修理中测量和修理后检验等工作提供高效快速的帮助。超声波测量系统还应用在一些二手车辆交易中的车身检验工作上。

超声波发射器、超声波接收器、控制柜和各种测量头组成了超声波测量系统。如图8-32所示，将发射器、测量头和测量头转接器等安装在车身某一构件的测量孔上，再将接收器安置到测量横梁上，接着通过发射器发送超声波。因声音的等速传播特性，接收器可以快速准确地测量出声波在车身不同基准点之间传播所用的时间参数。计算机通过对每个接收器的接收信息进行收集分析，自动得出每个测量点的准确三维数据。超声波测量系统在测量过程中不会发生相互干扰的情况，系统每隔1到2秒就会自动重新发起测量，将环境造成的影响减至最低，且操作时无需调节水平，计算机可以自动找正，不会因为发射器、接收器的位置移动而对数据造成影响。超声波测量系统能够实现对车辆碰撞修理前的预检、测量和定损，修理中的测量监控，以及修复后的数据存储打印等工作。（如图8-

32 所示）

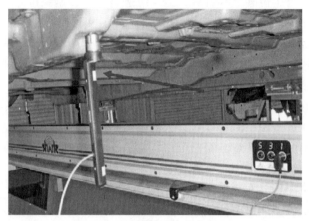

图 8-32 测量头及测量头转接器

（2）激光测量系统。激光测量系统操作便捷，仅通过一次检测即可捕捉所有的碰撞损伤，并提供维修前、维修中、维修后的检测报告，对整个维修过程进行把控，保证维修质量。激光测量系统包括反射靶、激光发射接收器和计算机等。工作原理是激光发生器发出激光束投射到标靶上，而每个标靶上有不同的反射光栅，通过接收不同标靶光栅反射的激光束测量出数据，传输至计算机，再由计算机进行计算，自动得出测量点的空间三维尺寸。激光测量系统可以直接提供直接且瞬时的尺寸读数。在进行拉伸和校正作业时，车辆的损伤区域与未损伤区域中的控制点都可获得持续监测，如图 8-33 所示。

图 8-33 激光测量系统

（3）角度线位传感器测量系统。整体臂式测量尺、测量头、计算机、无线蓝牙传输装置、机柜等构成了角度线位传感器测量系统，如图 8-34 所示。该系统有 2～3 节万向的测量臂，测量臂之间的每个关节上，都装有线位角度传感器，测量臂的顶端装有测量头。在测量车身时，令测量头接触到需要测量的车身点位，启动按键，此时在蓝牙设备的传输下，电脑就能获取各关节处线位角度传感器的角位移动数据，进而获取该测量点的空间坐标位置。角度限位传感器能够测量任意空间点的三维坐标、两个点的直线距离、两条线夹角、两个平面夹角。在投入使用时，不仅能够测量车身损伤状况，还可以诊断出机械零件如元宝梁、减震器、轮毂、下摆臂等部位的变形情况。

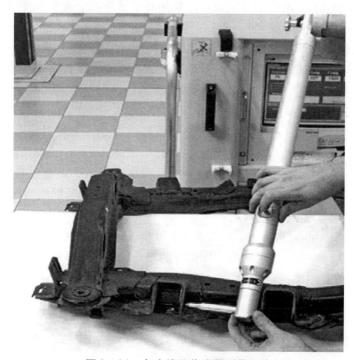

图 8-34　角度线位传感器测量系统

每种电子测量的原理、功能虽不相同，但测量工艺都大致相同：

（1）连接设备。确定计算机能正常接收反馈信息并处理数据。

（2）进入系统界面，选择语言的种类，并建立工单。填写工单号码、车辆信息及车主信息等，以便与随后测量的结果一起存储，方便以后查询。

（3）根据测量的车型选择汽车公司、品牌、生产年代。

（4）选择底盘测量基准点。电子测量系统几乎都带有误差补偿功能，在一定范围内，车身倾斜也不会有太大影响。如果测量基准点发生变形，计算机会出现提示界面，并提示重新选择基准点。

（5）对损伤部位进行测量。校正时，可切换模式，以便对修复过程实时监控，避免拉伸过度。

（6）保存数据，并退出界面，完成测量工作。

每种设备都有自身的优点，相应的也会有一些缺点。但只要熟练地掌握、运用，无论哪种三维测量设备都可以满足车身的修理精度要求。

四、注意事项

（1）对角线测量法可以使用钢卷尺、轨道式量规或中心量规进行测量。

（2）对角线测量法对于同一尺寸要从不同方向上测量至少各两次。

（3）对角线测量法中所有的基准点都需要相对于另外两个或多个基准点进行检查。

（4）采用对角线测量法测量对角线相等时，并不能说明对称截平面一定不变形，且对于非对称式结构，要参考车身尺寸测量图表才能进行准确测量。

（5）使用中心量规时，不能将中心量规安装在可移动的零部件如操纵杆、弹簧等上。当具体位置的中心量规挂好以后，中心量规的位置应固定不动。除非影响矫正、固定或测量，在整个维修过程中心量规的位置应固定不动。

（6）中心量规悬挂点不得有任何变形，在维修过程中，必须对变形的基准点维修后才能使用。

（7）使用米桥测量系统除了要注意遵守安全操作规程外，还要注意不同的测量系统制造商生产的测量配件可能不一样，比如测高杆、滑座和测量桥的测量尺等，但使用方法是一样的。

（8）采用米桥测量系统测量时，需要拆下可拆卸的损伤件，包括机械部件和车身板件，如果碰撞严重，应先对车身中段，即车身的基础，进行初步矫正。

（9）针对米桥测量系统测量时，如果车身上机械部件留在车上，则存在悬垂变形，必须进行数据修正。

（10）超声波测量系统的安装和操作都非常简单，操作中不用人工调节基准面和中心线，只需在计算机中确定长度的基准，但要注意环境的噪声可能会影响到测量的准确度，建议在有噪声的环境中要进行多次测量。

任务3　汽车车身校正

一、车身校正设备的使用

1. 车身校正设备

平台式车身校正仪形式有多种，但一般配有一两个或多个塔柱进行拉伸校正。这种拉伸塔柱为车身修理人员提供了很大的自由度，可在绕车身的任何角度、任何高度和任何方向进行拉伸。其中，很多平台式车身校正仪有液压倾斜装置或整体液压升降装置，利用一个手动或电动拉车器，将车身拉或推到校正平台的一定位置上。

（1）平台。校正仪平台是车身修复的主要工作台，拉伸校正、测量、板件更换等工作都在平台上完成，如图8-35所示。

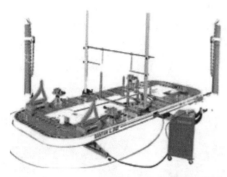

图 8-35　车身校正仪平台

（2）上车系统及升降系统。通过上车系统和平台升降系统［图 8-36（a）］，可以把事故车放置在校正平台上。上车系统包括上车板［图 8-36（b）］、拖车器、车轮支架图等，通过液压升降机构把平台升起到一定的工作高度。

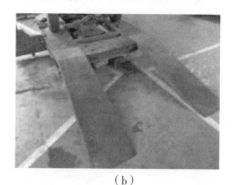

（a）　　　　　　　　　　　　　　（b）

图 8-36　车身校正平台上车系统和升降系统

（3）主夹具。修理前，固定在平台上的主夹具将车辆紧固在平台上，如图 8-37 所示，车辆、平台和主夹具成为一个刚性的整体，车辆在拉伸操作时不能移动。为满足不同车身下部固定位置的需要，主夹具结构有多种。双夹头夹具可以夹持比较宽的裙边部位，防止拉伸中损坏夹持部位；单夹头夹具的钳口开口很宽，能够夹持车架。

图 8-37　车身校正平台上的主夹具

(4)液压系统。车身拉伸校正工作是通过液压力的强大力量来把车身上的变形板件拉伸到位,如图8-38所示。校正仪上的气动液压泵或电动液压泵通过油管把液压油输送到塔柱内部的油缸中,推动油缸的活塞顶出。气动液压一般是分体控制的,而比较先进的电动液压系统一般是集中控制的,由一个或两个电动泵来控制所有的液压装置,这样的效率更高,故障率更低,工作更平稳。

图8-38 液压系统

(5)塔柱拉伸系统。损坏板件的拉伸操作是通过塔柱实现的,如图8-39所示。塔柱内部有油缸,液压油推动油缸活塞,活塞推动塔柱的顶杆,顶杆伸出塔柱的同时拉动链条,在顶杆的后部有链条锁窝紧把链条锁住,通过导向环把拉力的方向改变成需要进行拉伸的方向。导向环通过摩擦力卡在塔柱上。

图8-39 塔柱拉伸系统

(6)钣金工具。钣金工具包括各种对车身各部位拉伸的夹持工具,如图8-40所示。

图 8-40　钣金工具

2. 车辆在校正平台上如何固定

车辆上到平台后，首先是找好车身与测量系统的基准，其次就是在校正平台上定位。因为测量工作要贯穿整个车身的修理过程，特别是使用机械式测量系统时，车辆在固定前必须找好测量的三个基准。车辆在拉伸的过程中是不能有位移的，否则，测量基准一旦发生变化，就只有在重新找到测量基准后才能进行测量。如果使用全自动电子测量系统就不需要进行测量基准的找正，因为计算机能自动找到测量的基准，如超声波测量系统。测量的基准找到后，就可以对车辆进行固定，整体式车身在固定时至少需要四个以上的固定点。主夹具把车身固定好后，车身、主夹具和校正平台相互之间不能有位移。在对车身坚固部件进行拉伸操作时，最好在拉伸方向的相反方向设置一个辅助拉伸装置以抵消拉伸的力量，防止夹持部位的部件损坏。

（1）车辆上校正平台。两人配合，一人开车一人指挥，将车倒上校正平台，如图 8-41 所示，车辆停在校正平台中间。

图 8-41　倒车上车身校正平台

（2）车辆固定。将千斤顶放在校正平台上，如图 8-42（a）所示；顶起车辆，放入主夹具，根据车辆高度调整高低，如图 8-42（b）所示；使用扳手对夹紧螺丝进行紧固，如图 8-42（c）所示；拧紧主夹具与校正平台螺丝，如图 8-42（d）所示。

· 225 ·

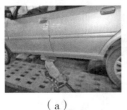  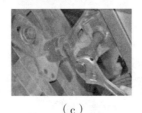 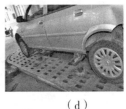

（a）　　　　　　　（b）　　　　　　　（c）　　　　　　　（d）

图 8-42　在车身校正平台上固定车身

二、车身的拉伸校正

1. 事故车拉伸校正操作中的安全事项

（1）严格按照所用设备的说明书操作车身校正设备。

（2）非熟练操作人员或未经正式训练的人员禁止操作校正设备。

（3）拉伸前，汽车必须装夹牢固，操作人员需检查主夹具固定螺栓和钳口螺栓是否紧固牢靠。

（4）一定要用推荐型号与级别的拉伸链条与钣金工具来进行操作。

（5）操作人员不得与链条或拉伸夹钳在一条直线上。如果链条断裂、夹钳滑落、钢板撕断时，极有可能对拉伸方向造成直接伤害。在车外进行拉伸校正时，人员不得在车内工作。

（6）用厚防护毯包住链条或者使用钢丝绳把链条、钣金工具固定在车身的牢固部件上，以此防止链条断裂时工具和链条甩出，对人员和其他物品造成损坏。

（7）在拉伸时，要把塔柱和平台的固定螺栓紧固牢靠，以免拉伸中塔柱滚轮移动装置受力，造成损坏，此外，还可能发生塔柱突然脱离平台造成人员和物品损坏的情况。

（8）塔柱使用链条进行拉伸时，链条在顶杆的锁紧窝锁紧，链条不可扭曲，所有链节均呈一条直线。导向环的固定手轮在拉伸前固定导向环高度，拉伸开始后，需松开手轮，手轮松开后，一旦链条断裂，导向环因自重向下滑，可防止链条朝左右甩出。

2. 事故车拉伸校正程序

在对整个车身进行修理时，按照"从里到外"的顺序进行。因为车身尺寸的基准位于车身中部，需要先对车身中部进行整修，令中部车身尺寸恢复，以其作为基准，再对前部或后部的尺寸进行测量与校正。不可因车身前部或后部损坏就先修理前部或后部部件，必须先对车身的中部乘坐室区域进行校正，令车身的中部和底部的尺寸，尤其是基准点的尺寸恢复到位。

某一部件在受到损坏后，可能发生三个方向的损坏，整修时应按照首先校正长度、然后校正宽度、最后校正高度的顺序进行。

对某一受损板件进行拉伸校正操作时，要通过拉伸力令金属板件恢复到原本的形状。金属在受到外力时，首先发生的是弹性变形，超过一定程度后才会发生塑性变形。在每一次的拉伸中，尽管车身被拉伸至超过预定尺寸，车身部件仍会因弹性变形而仅恢复一部分。所以，在拉伸时需要提前预估金属回弹量，在实际拉伸过程中，多留一定余量。不要试图仅通过一次拉伸，就令变形部位恢复如初，变形的金属板内部存在加工硬化，即内部应力，必须将加工硬化消除，否则，在拉伸时就会存在较大回弹量，大力的拉伸也会令板件因加工硬化而破裂。每一个板件的修复需要数次的拉伸操作，每次拉伸只令受损板件产生一部分的变形，然后卸力、测量，检查一下板件变形恢复的程度，计算还剩多少尺寸尚未恢复，接着重复拉伸、测量、检查的工作过程，直至板件的尺寸恢复到标准尺寸的误差范围内。

3. 事故车拉伸校正方式

（1）单向拉伸。在整体式车身损坏较轻的表面可以使用简单的单向拉伸，如图8-43所示。在拉伸修理结构复杂部件的损坏时，一定要注意防止与其关联的那些未损坏的或已修复的部件受到拉伸，以免造成不应有的损坏，甚至无法修复的结果。为了避免发生这类情况，需要辅助拉伸和定位，使用复合拉伸系统。

图8-43 单向拉伸

（2）多点拉伸。高强度钢板在变形后内部有更多的加工硬化。在修理过程中，这些变形的板件恢复形状需要更大的力。当只用一个拉力拉伸校正变形部件时，变形还没有恢复，但是钢板可能已经被撕裂了，所以整体式车身的部件在拉伸时要求有多重拉力。这要求在每次拉伸校正过程中，要尽量找到两个或更多的拉伸点和方向，如图8-44所示。

图8-44 多点复合拉伸

复合拉伸具有支承和拉伸甚至双向拉伸的能力。这种能力在修复整体式车身的二次损坏时是很需要的。使用复合拉伸系统，能对任何拉伸进行严格控制，并大大改进拉伸的精确度。

多点的复合拉伸极大地减小了每个点上所需的力，大的拉伸力通过几个连接点加以分散，因此减少了薄钢板被拉断的风险。

三、在拉伸中对车身损坏板件的修复

1. 车身前部损坏的修复

一辆汽车的前部被碰撞，如果它的前部横梁左侧的前翼子板、前挡泥板及纵梁损坏严重，就需要进行更换。这些部件的支撑连接件受损后如能修复，也要在安装前修复好。而右侧的前翼子板、前挡泥板和纵梁只是受到左侧严重碰撞的影响，损坏并不严重，只需要进行修复。通过碰撞位置可以分析出车身的左前方受到碰撞，散热器框架和前纵梁都受到严重损坏，前立柱也向后变形，就需要按照与碰撞方向相反的方向对左前纵梁和左前立柱进行拉伸。在左前立柱尺寸恢复后，再把需要更换的左前纵梁拆除。然后，再修理右前挡泥板和右前纵梁。右前挡泥板或右前纵梁可能仅在右边或左边略有弯曲。

2. 车身侧面损坏的修复

汽车受到来自一侧的碰撞后，门槛板中心位置受到严重损坏，门槛纵梁弯曲，地板会变形，车身前后部弯曲，使车身扭曲成香蕉状。修理这种类型的损坏，可使用与拉直一根弯铁丝一样的方法，将车身的两端拉开，再将塌下去的车身侧面向外拉。

3. 车身后部损坏的修复

如图8-45所示，车身后部的板件比车身前部结构更复杂，损坏程度更大，因此对损坏的评估必须更加精确。后部受到碰撞时，保险杠遭到损坏，而且碰撞力一般通过后部纵梁的尾端或附近的板件进行传送，进而产生"上弯"部位的损坏；另外，轮罩的变形也会引发后侧围板向前移动，造成部件之间的间隙发生变化，如果碰撞十分严重，甚至还会影响到车顶、车门或中立柱。

修复时，将钣金工具或钩子固定在后纵梁的后部、后地板或后顶盖侧板后端部分，在进行拉伸的同时，测量车身下面每一部分的尺寸，观察车身板件之间的配合和间隙情况，由此决定修理方案。如果纵梁被撞进轮罩，后门存在间距误差，则不能对只发生了少量变形甚至没有变形的后顶盖进行拉伸，需要通过拉伸纵梁的方式来消除后顶盖侧板的应力。若轮罩或车顶侧边的内板和后部纵梁同时夹紧拉伸，那么会可很快将车门的间隙校正到位。车头部分的碰撞也有可能引起车尾部分结构的变形。当出现上述情况时，应将车尾较低部位的结构夹紧在校正台上，初步的拉伸可以恢复部分较低的校正点，这时应重新放置夹钳，与此同时，校正点和固定点的数量也将随之变化，以此保护已进行的校正，然后继续进行拉伸。

修复到位后就要对这些部位进行辅助固定，以防在进行下一步拉伸时，影响前面已经完成校正的部位。完成初步拉伸后，应拆除损坏严重且无法再进行修理的部件。

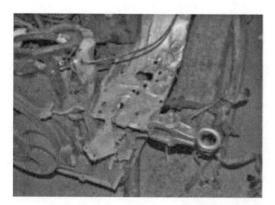

图 8-45 车身后部损坏的评估、修复

四、校正后检查

1. 如何检查校正后的车身

在修理结束后,要对车辆进行最后的检查。检查时,修理人员应围绕车身一周进行观察,看看是否有明显的校正错误。若车顶线与车门之间存在较大缝隙,则说明还有少量损坏存在。按顺序对修理工序进行检查,对每一项进行确认,若检查中发现问题,应立即将车固定起来,重新进行拉伸,以免等到更多的修理程序完成之后又发现损坏,导致工序白做。检查时应该注意以下几点:

(1) 对车门和门槛间的空隙进行检查,正常来说应该是一条又直又窄的缝隙。
(2) 检查整个车身的各个部位是否平整。
(3) 开、关车门,掀、关发动机罩和行李箱盖,查看开关存在过紧的感觉。最终检查完成之后,汽车可留在校正台上,重新装上修理前被取下的部件,然后再从校正台上移下来。

五、车身校正任务小结

(1) 车身校正的重点是精确地恢复车身的尺寸与状态。
(2) 车身校正设备必须配备高精度、全功能的校正工具;配备多功能的固定器和夹具;配备多功能、全方位的拉伸装置。
(3) 校正拉伸车身时,有一个基本的原则,即按与碰撞力相反的方向,在碰撞区域施加拉力进行拉伸。
(4) 平台式校正仪是一款通用性的车身校正设备,可以对各种不同类型、型号的车身进行有效校正,配有很好的通用测量系统,可以指导拉伸校正工作的准确、高效进行。
(5) 校正设备使用的基本步骤是:上车、定位、测量和拉伸。
(6) 使用车身校正仪时,不正确的操作可能对人员、车身和校正仪造成伤害和损坏。
(7) 车身校正的基本程序是车辆损坏分析、部件拆卸、车身测量、制订拉伸修复程序、边拉伸边测量及消除应力。

(8) 在每次拉伸校正过程中，尽量找到两个或多个的拉伸点和方向。

(9) 钣金工具使用时必须注意正确的方法，否则会损害夹具和车身。

(10) 拉伸操作要按照拉伸—保持平衡（消除应力）—拉伸—保持平衡的程序进行。

(11) 车身修复的目的是消除或减少由于事故使车身反复变形而积累的应力，使金属恢复到原来的状态。

六、注意事项

(1) 认真阅读设备使用说明书，严格按照安全说明使用校正系统。

(2) 上车或下车时，要清除平台上的障碍物，把两个拉伸塔柱移动到后方，小心降下平台，装上上下车踏板。

(3) 当车在平台上需要升起或降下平台时，要将车轮固定并将车打在驻车挡，不要在设备后面走动。

(4) 将车开上平台或开下平台时，需要有一个助手。上车时尽量把汽车放置到平台中间，为拉伸和测量工作做准备。

(5) 平台升起后一定要将后支腿锁住，不要在升降平台过程中跨越气管或油管。

(6) 在每次拉伸前应保证拉伸装置与工作台连接可靠，检查主夹钳与车身连接是否夹紧牢固，主夹钳与平台螺栓是否已经上紧。

(7) 使用前应检查拉伸系统中油缸、油管、气动泵的性能，保证各部件的性能良好。

(8) 为了避免造成严重的伤害事故，不要在拉伸过程中靠近链条、夹具或其他受到拉伸的部件；不能与拉伸链条处于同一直线上。

(9) 在塔柱施力前清除链条上所有地方的扭转和缠绕，保证其呈一条直线。

(10) 进行拉伸前要注意车身是否需要辅助固定，在什么位置增加，防止车身在拉伸过程中产生偏转、甩尾，造成车身二次损伤。

(11) 在拉伸时必须在拉伸链条上安装保护的钢丝绳或其他装置，避免因为链条突然断裂或者脱离车身时造成危险。

(12) 链条导向环的手轮，当拉伸开始时必须松开，使链条在万一断裂时导向环可以依靠本身的重量自然下滑，防止链条向左右飞出。

(13) 为了避免塔柱倾翻，要按箭头方向移动塔柱。当链条套筒伸出位置到警戒线时，严禁继续提高压力。

(14) 拉伸前要做好车身保护工作，比如要把必须拆卸、可以先拆卸的部件先拆除，用保护布覆盖仪表板等，在拉伸位置利用木块或厚橡胶做垫板，有些地方用尼龙带进行拉伸。

(15) 一定要用设备厂家推荐的拉伸链条和钣金夹紧工具进行拉伸。

(16) 拉伸力不能大于锚定力，否则会把车身上夹具固定点拉伤，甚至撕裂。

(17) 在整个拉伸拉拔过程中，一定要监视车身固定点，注意焊缝是否开裂，倾听是否有异响（可能是焊接点开裂）。

操作任务1：检查东风雪铁龙爱丽舍轿车尾部修复后的情况

一、安装尾灯

首先,检查尾灯能否安装上,如图 8-46 (a) 所示;其次,检查尾灯与周围板件的间隙,如图 8-46 (b) 所示。

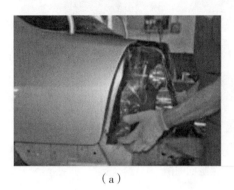
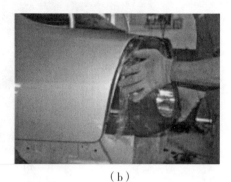

(a)　　　　　　　　　　　　(b)

图 8-46　安装尾灯

二、检查后备箱

检查后备箱间隙,如图 8-47 (a) 所示;检查后备箱锁具开启或关闭是否过紧,如图 8-47 (b) 所示。

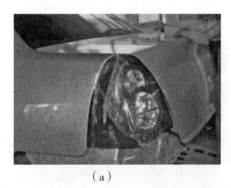
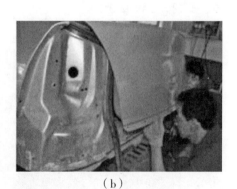

(a)　　　　　　　　　　　　(b)

图 8-47　检查后备箱

三、检查保险杠间隙

如图 8-48 所示,检查保险杠间隙。

图 8-48 检查保险杠间隙

操作任务 2：车身变形测量与校正

一、准备车身测量校正工具

Bantam-Shark3 电子测量系统、Bantam-B2E 车身校正仪、防护眼镜、安全帽（硬质）、棉纱手套，如图 8-49 所示。

图 8-49 车身测量校正工具

二、检查车身变形情况

车身电子测量和校正项目的工件为三厢新赛欧（不带天窗），白车身，前纵梁设置变形，如图 8-50 所示。

板件更换项目的工件为成型板件，材质为低碳普通轧钢板。

图 8-50 前纵梁变形的三厢新赛欧

三、车身变形测量与校正

步骤 1：穿戴好防护用品，如图 8-51 所示。

图 8-51 穿戴好防护用品

步骤 2：系统连接。电缆一端接到横梁端口上，另一端连接到机柜的接口 BEAM 端口，如图 8-52 所示。

图 8-52 系统连接

步骤3：打开计算机，进入测量系统，进入欢迎界面。图8-53（a）界面为欢迎界面，点击F1将进入下一界面。

步骤4：系统界面。图8-53（b）界面为系统界面，点击F1将进入工单界面。

（a） （b）

图8-53 计算机测量系统

步骤5：工单界面。如图8-54（a）所示，工单界面是对新客户信息进行工单填写。也可以不填写直接进入车型界面。

步骤6：车型选择。详细填写工单后会自动弹出车辆选择，如图8-54（b）所示，这里可以选择对应的车型。

图8-54 工单界面和车型选择界面

步骤7：建立基准界面。选择A和B作为测量的基准点。根据对话框选用T25/M14F附件，在车辆相应的点上挂上附件及发射器。

步骤8：安装好超声波发射器，并使发射器发射孔朝向测量横梁，如图8-55所示。

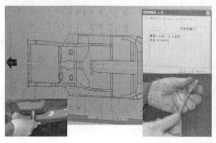 

图8-55 安装超声波发射器

步骤9：如图8-5（a）所示，在底部车身设计图中点击B点，根据提示安装测量头和超声波发射器。

步骤10：如图8-5（b）所示，选择变形点Y点，根据提示安装测量头、加长杆和发射器。

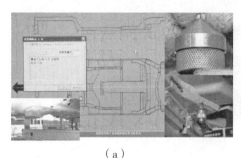
（a）

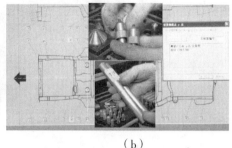
（b）

图8-56　安装测量头，加长杆和发射器

步骤11：Y点测量附件安装好后的状态。

步骤12：全部测量附件安装好后按F1进行测量，显示数据如下，如图8-57所示。

图8-57　安装附件测量，显示数据

步骤13：根据数据分析，进行拉伸校正，准备拉塔。塔柱与平台的固定螺栓紧固牢靠。

步骤14：塔柱用链条进行拉伸时，链条在顶杆的锁紧窝锁紧，链条不能有扭曲，所有链节都呈一条直线，保险绳要把尼龙带和链条连接起来，导向环锁紧螺丝旋松。

（a）

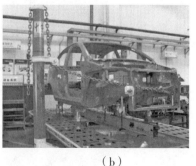
（b）

图8-58　固定拉塔和平台，根据数据拉伸

步骤15：开始拉伸。在拉伸时，一边拉伸一边观察数据变化。拉伸后放松，再拉伸再放松，以便放松拉伸应力，并用木榔头敲击应力集中处，如图8-59所示。

图8-59 拉伸

步骤16：拉伸完毕后，收拾工具。
步骤17：整理工位，并把工具回位，如图8-60所示。

图8-60 收拾工具，整理工位